# Languages in Contact

## An Introduction on Translation

---

## Manual Introductorio A La Traduccion

Carmen Valero-Garcés

University Press of America, Inc.
Lanham • New York • London

Copyright © 1995 by
University Press of America,® Inc.
4720 Boston Way
Lanham, Maryland 20706

3 Henrietta Street
London, WC2E 8LU England

**Library of Congress Cataloging-in-Publication Data**

Valero-Garcés, Carmen.
Languages in contact : an introductory textbook on translation / Carmen Valero-Garcés.
p.   cm.
Text in Spanish and English.
Includes bibliographical references and index.
1.  Translating and interpreting.  2.  English language—Translating into Spanish.  3. Spanish
language—Translating into English.  4.     I.  Title.
P306.V24   1995

324.973—dc20                                          95-3169 CIP


ISBN 0-8191-9876-5 (pbk: alk paper)

*To Ron Sousa for his help and encouragement,
and to Enrique and my kids for being so patient.*

# CONTENTS

## ACKNOWLEDGMENTS

I wish to acknowledge the support provided by many friends and colleagues for their help and encouragment, most particularly, to Ronald Sousa, who offered me the opportunity to teach at the University of Minnesota, and whose valuable comments improved the text.

My appreciation is likewise extended to the Department of Spanish and Portuguese at the University of Minnesota, that contributed to this project in varios ways.

I would also like to thank Josete for the valuable support rendered in the preparation of the manuscript; to my husband and kids for their patience and support, I extend my sincere appreciation.

The author and publisher wish to thank the following authors and publishers for permission to reproduce the quotations, texts and illustrations appearing in this book:

Acebo, Spreckles, California, for permission to reproduce some extracts from *The Interpreter's Edge,* and *The Interpreter's Edge Intructor's/Self-Study Notes* by Holly Mikkelson, 1991.

Camilo José Cela, author, for his permission to reproduce some extracts from *La familia de Pascual Duarte,* and its transaltion into English.

Editorial Debate, Madrid, for permission to reproduce some extracts from the translation of *Catch 22* by Joseph Heller, translated by Flora Casas, 1991.

Herederos de García Lorca, for permission to reproduce some extracts from *Romancero Sonámbulo.*

Plaza y Janés, S. A., Barcelona, for permission to reproduce an extract from *Catch 22,* translated by Elías Cañete, 1969.

Simon & Shuster, Inc., for permission to reproduce some extracts from *Catch 22,* COPYRIGHT © 1955, 1961 BY Joseph Heller, Copyright Renewed © 1989 by Joseph Heller.

## PREFACE

This book is intended for university-level Spanish language courses starting at the junior course level. *Languages in Contact: A Textbook on Translation / Manual introductorio a la traducción* is designed for students whose primary language is English, as well as for Spanish speakers who live in an English speaking culture. It is intended to serve as a course in translation for the students of Spanish as a Second Language or for those who are looking for an Introductory Course in Spanish-English Translation

There is a growing interest in Translation Studies, but there are few textbooks concerning the teaching of translation, and even less on the teaching of translation to students of Spanish whose first language is English. This problem is intensified because of the lack of contact that these students have with the world of translation.

This book is the result of my personal experience acquired through years of research and practice with translation attendance and participation in Congresses and Symposia, publication of articles in journals connected with translation topics, and the teaching of courses for graduate students both in Spain (University of Alcalá de Henares, Madrid) and in the United States (University of Minnesota).

The resulting body of knowledge and the suggestions from professionals in translation were of great help in the selection of materials, and examples for this textbook.

The aim of this introductory course is threefold:

(i) to help students create a greater awareness of the many problems confronting the translator and suggest some ways of dealing with them;

(ii) to provide a selection of passages covering a wide range of material for translation from Spanish into English, and from English into Spanish; and

(iii) to help students to develop good translation habits, and improve .their knowledge of Spanish.

It is assumed that the users of this book will have a reasonable competence in both languages, i. e. that they will have reached at least somewhat beyond the level of English and Spanish required for demonstration of university-level proficiency.

An analysis of the mistakes made by translators, or by those who know both languages but lack any type of training in translation would suggest that most of these errors derive from the following sources:

(i) an insufficient knowledge of the language;

(ii) an insufficient knowledge of the subject matter;

(iii) a too hasty or superficial reading of the material to be translated;

(iv) failure to choose the right equivalent to translate a given word in its context;

(v) unnatural or confused constructions in the language to which the piece is being translated.

The grammatical questions considered and the exercises provided are intended to help thestudents to translate more efficiently and to overcome some difficulties.

The textbook is divided into five chapters, all of them interrelated. They are followed by a Selected Bibliography and an Index.

Chapter 1. My intention in this part is to give some general information on the meaning of 'Translation Studies,' the different fields that can be considered and the current tendencies. Then, I will focus my attention in the possibilities of teaching this discipline.

Chapter 2. The topics in the two first sections of this are mostly grammatical points, based on the differences between both linguistic systems. It is hoped that this might be useful for the American students of Spanish as well as for Spanish students of English. It is not an attempt at a formal grammar, but rather a selection of the grammatical difficulties found in translating texts, laid out in an accessible format.

The next section of chapter 2, *Translation Techniques*, is not intended to be in any way exhaustive; it is merely hoped that it will direct students' attention to some useful procedures that are helpful to students faced with different types of problems in the texts.

The next section of chapter, *Models of Translation*, is an attempt to classify texts into different categories, as different types of text need different ways of translating and the results are also different products. My purpose is to draw students' attention to specific aspects of different types of texts.

Chapter 3. The third part of the book is intended to put into practice the grammatical points explained in chapter II so that theory and practice can be used at the same time. It is divided into six sections. The two first sections consist of short texts and sentences and are intended to practice mostly linguistic differences and the translation techniques mentioned in chapter 2. Next sections consist of longer passages and different types of texts.

There are also different types of exercises. As an example I could mention:

(i) questions on the passages to focus students' attention on the meaning of the text as a whole, before translating;

(ii) selection of alternative translations, or reordering of alternatives according to their preference in the context. This is not intended as a multiple choice exercise where there is only one correct answer, but as a starting point for consideration and discussion;

(iii) translation of short paragraphs or sentences that may help students to get more mental ability and to be more conscious of the linguistic differences between the two languages, as in the case of cognates, idioms, neologisms;

(iv) exercises on the selection of words and componential analysis of the different meanings that a lexical item may have in order to focus students' attention on its possibilities of being used in different contexts with a different meaning;

(v) comparison of a text with its translation, followed by some questions on particular points about the way the translator solved them. The purpose is not to criticize the translator's task, but to begin a discussion about other possibilities.

Chapter 4.- The topics in this part of the book are related to more specific areas and my intention is to provide more material for practice in two main areas: Vocabulary and literary translation.

The translator may have an extensive corpus of vocabulary. He must know as many words, synonyms, expressions, idioms, or set phrases as possible so that he will be able to write clearly different types of texts and use different levels of discourse. The vocabulary is not the only tool the translator has in his hands, but it is a necessary and useful one. The two first sections are intended for the student to practice, or to learn, with some of the common words we find in English or in Spanish texts, in order to help them to remember those lexical items for future translation

The next three sections deal mostly with literary translation topics. I have choose this type of texts because of the difficulties in translating them. The language may be highly connotative and the author's style of the original text may also be very particular.

Because of the wide range of material, the teacher may combine different texts with different types of exercises. The suggested translations are only one way of handling the problem; they are by not means the only possibility. The materials vary in difficulty and depth as the book progresses, although it is difficult to state categorically that each passage is easier than the one following it because materials are taken from both sides of he Atlantic, for English and for Spanish. Nevertheless an effort has been made to preserve some measure of grading in each part. The beginning texts in each part may be easier than the final selection in the part before, and Chapter 2 may be easier than Chapter 3 or Chapter 4.

My purpose is not only to give some training on translation, or to deep in their knowledge of the language, but also to encourage students to begin or to continue their research in the field of Translation Studies.

The book is designed for either class or individual use, and a key to the exercises is provided in Chapter 5, although there may be several acceptable possibilities in most cases. It is just an attempt to give a solution but, at the same time, to suggest other alternatives that include determination of the exact meaning and the best equivalent in the language of the translation, problems of grammatical construction, collocation, register, style and so forth.

While it is possible, of course, to work through the passages in order, the book also lends itself to more flexible treatment. Chapter 2 may be useful on a general extent. As for the other parts, if the students are beginners in translation it might be wise to practice at least with the exercises on the two first sections of Chapter, and some of the exercises on Chapter 4, especially the first and second sections .

For students who want an introduction to technical translation, a course might include the next four sections of Chapter 3 because the term 'technical translation', in a general sense, contains all these fields. The teacher may also adapt the exercises in the first sections of Chapter 3 and in the exercises of chapter 4 by choosing materials from technical texts, as well as in the examples in chapter 2.

For students, on the other hand, whose main interest is literary translation, the course would consist on the two first of Chapter 3 and in the last sections of chapter 4. As in the previous case, exercises could be adapted by selecting the appropriate texts.

Each Chapter is preceded by an introduction to the uses and main purpose of that part. At the end of the book there is a selected bibliography, not an exhaustive one, that may be helpful for both teacher and students.

# Parte I

## Teoría

## Capítulo 1

## INTRODUCCION A LOS ESTUDIOS DE TRADUCCIÓN

### Estudios de Traducción

En un primer acercamiento a los Estudios de Traducción, y sin entrar en demasiados detalles, son varios los puntos que se plantean:

Comencemos hablando de lo que entendemos por *Estudios de Traducción*. En los años 1970, las dos formas dominantes de investigación en el campo de la traducción se centraban, por un lado, en el campo de la Literatura, rechazando presuposiciones teóricas, normas de aplicación o incursiones en la lingüística, y por otro lado, en el campo de la Lingüística, reclamando un acercamiento científico y rechazando soluciones ilógicas o especulaciones subjetivas. Cada uno de estos campos de investigación miraba con cierto recelo al otro y se limitaba a trabajar con el tipo de texto que mejor les servía a su metodología: los traductores literarios evitaban cualquier análisis lingüístico-científico, y los lingüístas rechazaban cualquier análisis literario no-científico. En los Países Bajos, un grupo de estudiosos de la traducción miraba con escepticismo dicha confrontación y fue uno de sus integrantes, James Holmes, en *The Name and Nature of Translation Studies* (1972/5viii)[i], quien, distanciándose tanto de las "teorías" de traducción que con frecuencia reflejaban únicamente la actitud y punto de vista del escritor, como de las "ciencias" de la traducción, que probablemente no servían para una investigación de los textos literarios, acuñó el término de "Translation Studies" (Estudios de Traducción) para referirse a un acercamiento nuevo en el que se integrarían las dos posturas mencionadas:

> The dual purpose of making the results systematic research in the field better known to a larger group of scholars and translators, and of confronting various schools and methods of approach in order to arrive at a sense of the 'state of the art' of translation studies[ii].

El interés por la teoría de la traducción cedió paso al interés por los procedimientos de traducción. En lugar de tratar de resolver los problemas filosóficos en torno a la naturaleza de la traducción, los *Estudios de Traducción* centraron su interés en analizar el modo por el cual el significado era llevado de una lengua a otra. Favorecieron, igualmente, un acercamiento interdisciplinar y se plantearon nuevas preguntas en torno a la naturaleza del proceso de traducción, cómo lleva a cabo el traductor la mediación entre ambas lenguas y cómo dicho proceso puede afectar tanto al texto original como a su traducción. El objeto de estudio se desplazó, pues, desde consideraciones filosóficas y meramente lingüísticas a centrar la atención en el texto traducido. Una de las metas de los *Estudios de Traducción* era formular una teoría de la traducción, pero, a partir de los trabajos e investigaciones llevadas a cabo en los Paises Bajos y en otros centros internacionales (por ejemplo, The Porter Institute for Poetics and Semiotics en Tel Aviv, la Escuela de Leipzig con Jiry Levy como principal representante y los estudios de Jäger o Neubert, así como los trabajos llevados a cabo en centros canadienses, principalmente en Montreal, Ottawa y Quebec) se amplió el concepto de tal disciplina. Como apunta A. Lefevere (1992:13)[iii]:

Translation studies can be a locus, disciplinary or institutional or, ideally, both, where translators of

literaty texts are trained, where they are familiarized
with problems and taught to devise strategies.
Translation studies can also be a locus for the study of
existing translations and other forms of what Popovic
calls metatexts and I call rewriting. Studies of existing
translations can teach us much both about the process
of acculturation as it takes place in translation and
about strategies used by our predecessors with
varying degrees of success.

Los *Estudios de Traducción* abarcarían todos los
aspectos relacionados con la traducción en un
sentido general, es decir, teoría de la traducción,
enseñanza de la traducción o crítica de la
traducción, pudiendo englobar dentro de cada una
de estas áreas aspectos tan diversos como el
análisis del proceso de traducción, la distinción
entre traducción literaria y traducción técnica, la
evaluación en la enseñanza de la traducción, la
influencia de la traducción en determinadas culturas
y momentos de su historia, la labor del traductor, la
influencia del futuro lector en el traductor, el papel
del iniciador de la traducción (la casa editorial, un
particular, una empresa, etc.) y otros factores
socio-económicos que pueden afectar la labor del
traductor (tiempo para traducir, condiciones

económicas, adelantos técnicos de que dispone, etc.), el análisis de los conceptos de adecuación y aceptabilidad de un texto traducido, el fin de toda traducción, la historia de la traducción, la traducción con fines específicos y una larga lista de temas que pueden ser explorados y servir de objeto de investigaciones para los estudiosos de la traducción o los futuros traductores.

En algunos países se han introducido nuevas denominaciones, con mayor o menor fortuna, que reflejan los distintos enfoques terminológicos. Entre las palabras acuñadas con tal propósito destacaremos la de *Traductología*, sugerida por B. Harris en 1973[iv] y adoptada posteriormente por otros lingüistas, tales como: Seleskovitch (1975, 1984), Lederer (193, 1981), Moskowitz (1973), García Landa (1978) o Delisle (1980). J. C. Santoyo (1986)[v] propuso el término *Translémica* derivado del término translema o unidad mínima de traducción que consta de un solo significado semántico y dos significantes- el de la lengua fuente y el de la lengua término- y que puede presentar o no correspondencia formal. Desde un riguroso análisis conceptual cabría decir que existe una distinción entre ambos términos ya que el primero, Traductología, prestaría más atención al plano práctico, mientras que el segundo, Translémica, centraría su atención en el aspecto teórico. Sin embargo, no hay uniformidad de criterios en cuento a su utilización, de ahí que consideremos más adecuado para nuestro campo de trabajo la denominación de *Estudios de Traducción,* que abarcaría tanto a la teoría como a la práctica, y que parece ser la tendencia más extendida desde que S. Bassnet-McGuire (1980:6)[vi] formulara tal acepción, posteriormente utilizada por otros estudiosos de tan complejo campo.

Otra de las cuestiones que se debate con frecuencia en los foros académicos es si los Estudios de Traducción deben considerarse como una disciplina independiente. La importancia que se les concede dentro de los estudios universitarios y en el terreno de la investigación es mayor cada día. En Europa, y cada vez con más frecuencia en Estados Unidos, son pocas las Universidades que no incluyen algún curso sobre esta materia en sus programas, si bien en departamentos diferentes y con propósitos distintos. Unas veces se trata de los departamentos de lenguas extranjeras, otras veces de los departamentos de literatura comparada, o bien dentro de los programas de composición y estilo o de adquisición de una segunda lengua. Existen asimismo centros de formación de traductores (por ejemplo, CRIT, Center for Research in Translation in Binghamton, SUNY, State University of New York), que incluyen un

programa amplio y completo dirigido a otorgar el
título de traductor y que suelen incluir asignaturas
que tratan de forma separada todos los aspectos
implicados en las dos fases de la traducción: por un
lado, la comprensión del texto de la lengua fuente
y, por otro lado, su reproducción en la lengua
término. Para ello se necesitan estudios de
morfosintáxis y semántica de la lengua materna y
de la lengua extranjera, teoría y práctica de la
traducción, entrenamiento en las destrezas de
lectura y expresión escrita y conocimiento de los
aspectos culturales y literarios de ambas lenguas.
Todo ello, unido a la propia investigación del
traductor, le conducirá a la responsabilidad,
honestidad intelectual y dominio de la lengua que
se requiere de estos profesionales. En el terreno de
la investigación, la gran cantidad de congresos,
conferencias, reuniones, publicaciones, creación de
agencias y asociaciones avalan la necesidad de
reclamar un lugar con cierta autonomía para dicha
disciplina.

Los *Estudios de Traducción* tienen un carácter
interdisciplinar. Para pasar un mensaje de una
lengua a otra se necesita una descripción general de
las posibilidades y limitaciones que existen entre
las dos lenguas en contacto, lo cual nos lleva a
hablar de la teoría de la traducción, y, a su vez, con
el objeto de otorgar a esta descripción general un

grado de precisión científica, habrá que conocer las estructuras semánticas de cada lengua, lo cual implica, según apuntaba M. Tymoczko (1978:43)[vii], a "los hablantes y su entorno, la sociedad y sus creencias", es decir, su cultura. El desarrollo de la teoría de la traducción se halla, sin duda alguna, condicionado por el desarrollo de la lingüística, pero aunque sea posible una teoría lingüística de la traducción, esta teoría sería sólo una parte, no la totalidad de la teoría de la traducción.

La Lingüística Aplicada es la disciplina que mejor sirve a este propósito. D. Crystal (1981:5)[viii] la incluye como una parte integrante al señalar que "resulta difícil delimitar su campo de aplicación, que abarca un gran número de disciplinas, entre ellas la traducción, el bilingüismo, la lingüística contrastiva, etc.". Son de la misma opinión Taber y Nida (1971), Newmark (1981) y Ebneter (1974) entre otros.

Hay otros acercamientos que derivan hacia el terreno filosófico, como por ejemplo G. Steiner[ix] y el acercamiento hermenéutico que propone en su obra *After Babel* o el artículo de Walter Benjamin "The Task of the Translator" (1923)[x] que entabla la discusión a un nivel casi metafísico y cuya influencia llevará a establecer, o reforzar en algunos casos, puntos de contacto entre la traducción y otras disciplinas como la Psicología, la

Antropología, la Sociología y otras áreas de la Lingüística tales como la Sociolingüística y la Etnolingüística. Los formalistas rusos y checos, al poner en contacto la teoría lingüística y los estudios de estadística, produjeron un nuevo acercamiento a la teoría de la traducción y, aunque no fueron un grupo homogéneo, podríamos considerar la teoría de la indeterminación de Quine ("indeterminacy theory")[xi] (1970:178-83) como heredera de sus postulados al establecer relaciones entre la lógica formal y los modelos de transferencia lingüística. Robert Kirk (1986:3)[xii] estudia dicha teoría desde varios aspectos y viene a decirnos que "two schemes of translation could be incompatible even when both fitted not just whatever evidencce we happened to have, or even the totality of actual linguistic behaviour, but the totality of possible evidence". Siguieron discusiones acerca de la posibilidad o imposibilidad de la traducción hasta llegar a la teoría de Novalis y Humbolt de que "toda comunicación es traducción"[xiii] y numerosos estudios y trabajos que trataban de mostrar la relación entre las lenguas. Su mayor influencia fue en la lingüística contrastiva con la aportación significativa de Mario Wandruzca (1976)[xiv] . Todas estas teorías diversas muestran la relación de la traducción con otras disciplinas científicas e influyeron, sin duda alguna, en la práctica.

Suscitaron la controversia, aún sin resolver, de si los *Estudios de Traducción* deberían ser, o no, objeto de un ciencia autónoma.

Un simple análisis superficial del término *traducción* revela que puede abarcar varias subdisciplinas y referirse a conceptos diferentes, como por ejemplo, al producto, al proceso u operación mental de reformulación de un mensaje, a una actividad crítica en la que se estudian dos textos formulados en dos lenguas diferentes, a una comparación de lenguas, o bien orientada a la didáctica de la traducción o dirigida a la adquisición de una segunda lengua, o a la actividad de trasladar el texto de una lengua a otra. Teoría y práctica de la traducción son inseparables y su campo es tan amplio que resulta difícil no caer en la ambigüedad.

Los *Estudios de Traducción* están explorando nuevos puntos de contacto con disciplinas tales como la estilística, la historia de la literatura, la semiótica, la estética o los estudios culturales. A la necesidad de considerar la teoría en su aplicación práctica, se une la necesidad de considerar la gran diferencia que existe entre la traducción como profesión y la aplicación de la traducción a todo tipo de actividades académicas.

La traducción, al trabajar con los sistemas lingüísticos de las lenguas, se integra, sin duda alguna, dentro de la lingüística aplicada, pero no hay que confundir los estudios de traducción con los de lingüística contrastiva, a pesar de la gran semejanza: se parte de la lingüística contrastiva, pero el proceso de la traducción es más amplio que el de aquella y, además, no se pueden olvidar los diversos aspectos extralingüísticos que intervienen. La palabras de A. Lefevere (1991:143)[xv] son una invitación a seguir explorando los límites de tal disciplina:

> The real chance for translation studies lies elsewhere still; the interaction between cultures and the projection a given culture itself makes of its literary heritage for pedagogical purposes can nowhere be better studied o analyzed than in the laboratories in which rewritings (translations, literary histories, works of criticism, anthologies) are produced.

## *La traducción como asignatura*

Antes de terminar esta breve introducción sobre los *Estudios de Traducción* quería hacer, sin embargo, algunas consideraciones sobre la traducción como asignatura, puesto que es el área a que se refiere el presente libro. La pregunta que se plantean muchas personas que conocen dos o más lenguas es: ¿Puede enseñarse a traducir?. Las respuestas a esta pregunta serán diversas. Por un lado, se tiene la creencia de que todo aquel que conoce dos lenguas puede traducir, olvidando que la lengua forma parte de la cultura, y que, para ser un buen traductor, no sólo se deben conocer las lenguas, sino también las culturas. Por otro lado, son muchos los que opinan que no puede enseñarse a traducir. O se tienen o no se tienen dotes para ello. Sin embargo, si consideramos a la traducción como una profesión, como tal, puede enseñarse en algunos aspectos. Pero también, como en cualquier oficio, habrá buenos artífices y otros menos buenos. El grado en que lo dominen dependerá de la pericia y habilidad con que lo ejerzan, de las cualidades que aporten y del deseo que tengan de superarse.

Todo traductor, aparte de sus notes naturales, poseerá unos conocimientos y una cultura, imaginación, sensibilidad y capacidad interpretativa. A ello deberá añadir un conocimiento adecuado de las lenguas que va a utilizar, facilidad para captar ideas o entender un texto identificando escollos y dificultades, habilidad para redactar o expresarse bien, habilidad para transferir ideas de una lengua a otra con exactitud y acierto en la expresión. Son destrezas que no todos poseen por igual y que se pueden adquirir, en un cierto grado, con una preparación

adecuada y esfuerzo propio. Mencionemos algunos aspectos de la traducción que pueden enseñarse:
- reconocer qué tipo de texto tenemos ante nosotros,
- ser fiel al texto original,
- traducir de forma clara y concisa,
- conservar la información sustancial,
- saber dejar de lado aquellas partes del texto que sean superfluas,
- evitar la repetición,
- evitar la cacofonía,
- no abusar de la frase sujeto-predicado cuando traducimos al español, o de las oraciones subordinadas complicadas y largas cuando traducimos al inglés,
- usar el tipo de discurso y el vocabulario más adecuado,
- aligerar un párrafo demasiado pesado,
- comprimir un texto,
- usar el diccionario,
- mejorar la puntuación,
- etc..

Estos son algunos de los puntos que el traductor puede aprender por sí mismo con la práctica, pero también pueden enseñarse, como lo demuestra el hecho de que cada día se ofrecen más cursos sobre traducción y el interés va en aumento. En ellos no sólo se aprende a manejar el idioma, sino que se adquieren conocimientos sobre dificultades que, sin duda, encontrará en su carrera.

En cuanto a lo que el traductor puede hacer para mejorarse constantemente o para prepararse, cada cual deberá analizar cuáles son los aspectos más débiles que debe reforzar: pobreza de vocabulario, dudas gramaticales, desconocimiento de una terminología específica, necesidad de una mayor práctica sobre un tipo de textos concreto, etc. Podríamos realizar algunas sugerencias válidas para mejorar ciertos aspectos:

- leer mucho y obras de buenos escritores en ambas lenguas, pero fundamentalmente en la lengua a la que se va a traducir,
- leer sobre diferentes disciplinas y materiales,
- leer diferentes tipos de textos,
- recurrir al diccionario, a fuentes terminológicas, a bancos de datos  o a fuentes de información especializadas para precisar términos,
- ampliar constantemente su vocabulario y acumular sinónimos,
- comparar textos publicados en los dos idiomas,
- ejercitarse en la redacción, etc.

La práctica es, sin ninguna duda, el mejor aliado para seguir progresando, pero dicho progreso puede resultar más fructífero si, en las primeras etapas de su formación, se presta atención a

# aspectos que debe dominar o que presentan alguna dificultad

## Notas

[i] Holmes, James S. 1972/75. *The Name and Nature of Translation Studies,* Amsterdam: Translation Studies Section, Department of General Studies.

[ii] Holmes, J. 1970. *The Nature of Translation. Bratislava: Publishing House of the Slovak Academy of Sciences.*

[iii] Lefevere, A. 1992. Translating Literature. Practice and Theory in a Comparative Literature Contex. New York: The Modern Association of America.

[iv] Harris, B. 1973. "La traductologie, la traduction naturalle, la traduction automatique et la semantique". En 1988 publicó sobre el mismo tema "What I really meant by translatology?". *TTR.* 1/2 University of Quebec at Trois Rivières.

[v] Santoyo, J. L. 1986. "A propósito del término "translema"". *Babel,* 32/1, pág. 52.

[vi] Bassnett-McGuire, S. 1980. *Translation Studies.* London & New York: Methuen.

[vii] Tymosczko, M. 1978. "Translation and Meaning". *Meaning and Translation: Philosophical and Linguistic Approaches.* Eds. Guenther et al. London: Gerald Duckworth and Co. Ltd.

[viii] Crystal, D. 1981. *Directions in Applied Linguistics.* London: Academic Press.

[ix] Steiner, G. 1975. *After Babel: Aspects of Language and Translation.* London: Oxford University Press.

[x] Benjamin, W. 1969 (1923). *Illuminations,* trans. Harry Zohn, New York: Schocken Books.

[xi] Quine, W. van O. 1960. *Word and Object.* Cambridge Mass, New York and London: MIT and Wiley. Y Quine, W. van O. 1970: "On the Reasons for Indeterminacy of Translation". *Journal of Philosophy* 67.

[xii] Kirk, R. (1986). *Translation Determined.* Oxford: Clarendon Press.

[xiii] Steiner, G. 1975. *After Babel: Aspects of Language and Translation.* London : Oxford University Press, p. 328.

[xiv] Wandruzca, M. 1976. *Nuestros idiomas: comparables e incomparables.* Traduc. Elena Bombín. Madrid: Gredos.

[xv] Lefevere, A. 1991. "Translation and Comparative Literature: The Search for the Center" en *Languages and Cultures in Translation Theories.* Association Canadienne de Traductologie. Vol.IV, 1.

## Capítulo 2

## ASPECTOS PRAGMÁTICOS DE LA TRADUCCION

Como apuntábamos en el prólogo, dicho capítulo se divide en cuatro secciones. La primera sección proporciona información sobre instrumentos útiles para el traductor, como pueden ser los diccionarios, enciclopedias, obras de referencia, organizaciones internacionales relacionadas con el mundo de la traducción y bancos de datos..

La segunda sección trata fundamentalmente de aspectos gramaticales basados en las diferencias entre ambos sistemas lingüísticos. Dicha sección es, sin duda alguna, útil para aquellos estudiantes que tienen el inglés como su primera lengua, pero puede servir también de ayuda para aquellos estudiantes cuya primera lengua es del español, puesto que se incide en las diferencias entre ambos sistemas. No pretende ser un intento formal de gramática, sino una selección de dificultades halladas a la hora de traducir textos, que se agrupan bajo diferentes epígrafes gramaticales con el fin de ganar tiempo y eficacia.

La sección tercera trata sobre algunas de las estrategias más comunes utilizadas en la traducción. No pretende ser un estudio exhaustivo, sino únicamente un intento de dirigir la atención de los estudiantes hacia ciertos procedimientos útiles cuando se afrontan diferentes tipos de textos.

En cuanto a la última sección (Modelos de traducción), pretendemos agrupar bajo dicho título diferentes tipos de texto con el fin de llamar la atención y practicar sobre aspectos específicos, ya que diferentes tipos de texto requieren diferentes modelos de traducción y el resultado es también diferente. Los estudiantes deberán conocer y practicar con diferentes tipos de texto de modo que puedan enfrentarse a cualquier dificultad derivada de su carácter específico.

### *Instrumentos de consulta*

El traductor debe servirse de instrumentos necesarios: diccionarios bilingües y monolingües, repertorios terminológicos, gramáticas, información cultural, histórica y literaria, etc., tanto en la LO como en la LL. Debe servirse de los avances que la ciencia informática pone a su alcance, como son los bancos de datos o los diccionarios incorporados al ordenador, y prestar atención al desarrollo de la investigación terminológica internacional, que constituye una de las áreas más atractivas para la lingüística, y de gran utilidad para los traductores. Llama la atención la gran cantidad de simposios, publicaciones y programas que surgen cada día, así como su inclusión en los programas de formación de traductores. En cuanto a los diccionarios, deben usarse con prudencia y precaución, conscientes de sus limitaciones y prefiriendo los monolingües a los bilingües, siempre que sea posible. Los diccionarios por ordenador están teniendo un efecto revolucionario, pero habrá que esperar un tiempo antes de que la revolución lexicográfica surta todos sus efectos. Otras fuentes extralingüísticas que debe utilizar, con el fin de contar con una buena documentación, pueden ser las enciclopedias, monografías, tratados, libros de texto, directorios y anuarios, artículos en revistas especializadas, extractos e índices, tesis y disertaciones, e incluso, mapas y atlas, si el tipo de texto lo exige.

Es de destacar la creciente importancia de la terminología para el desarrollo de la actividad traductora y la organización de varios coloquios sobre terminología aplicada a la traducción, dentro de simposios dedicados únicamente a la traducción o, de un modo más general, a la lingüística aplicada desde que en 1953 se creó la FIT (Federación

Internacional de Traductores) y adoptó resoluciones dirigidas a una mejor colaboración internacional. La Asociación de Traductores e Intérpretes de Ontario, en Ottawa, ha incluido en sus sesiones de trabajo, en más de una ocasión, ponencias sobre el tema. La UNESCO también ha venido subvencionando las actividades terminológicas durante los últimos veinticinco años, aunque sólo al comienzo de la década de 1970 surgiera la idea de crear un organismo que coordinara las actividades internacionales en el campo de la terminología. Entonces se crea INFOTERM (International Information Centre for Terminology). Este organismo y la Asociación Internacional de Lingüística Aplicada (AILA) organizaron en 1979 el Primer Simposio Internacional sobre Problemas Teóricos y Metodológicos. Desde entonces ha ido creciendo el interés por la colaboración internacional en la investigación terminológica y por la organización de cursos, que con frecuencia se incluyen en los programas de formación de traductores.

En cuanto a los diccionarios, existe una gran variedad, pero ya hemos dicho que no hay que abusar de ellos. Quizá el más útil para el traductor sea el monolingüe. En inglés hay ejemplos extraordinarios de este tipo: *Oxford English Dictionary, Shorter Oxford, Webster's Third*

*International, Webster's Seventh New Collegiat, etc.*. Resultan muy útiles los diccionarios de sinónimos y antónimos, por ejemplo, el *Roget's Thesaurus* y otros más reducidos que no vamos a citar ahora, o diccionarios más específicos como *A Dictionary of American Idioms* de M. T. Broatner y J. E. Gates (Woodsbury, New York: Barron's Educational Series, 1975) o el *Longman Dictionary of Phrasal Verbs* (London: Longman, 1973). Entre los diccionarios monolingües españoles podríamos citar el *Diccionario de la Real Academia* que aunque es el diccionario por excelencia, sin embargo, en ciertas ocasiones resulta algo conservador y poco actualizado. Por ello el *Diccionario de uso del español* de María Moliner (Madrid: Gredos, 1984)) es quizá más utilizado o el *Diccionario ideológico de la lengua española* de Julio Casares (Barcelona: Gustavo Gil, 1985). Podríamos también citar el *Diccionario normativo y guía práctica de la lengua española* de Francisco Marsá (Barcelona: Ariel, 1986), el *Pequeño Larousse Ilustrado*, el *Diccionario de sinónimos* de Gili Gaya (Barcelona: Bibliograf, 1980), el *Diccionario razonado de sinónimos y contrarios* de José Mª Zainqui (Barcelona: Editorial De Vecchi, S. A., 1985), el *Diccionario de Anglicismos* de R. F. Alfaro (Madrid: Gredos, 1970), el *Diccionario de sinónimos y antónimos* de la Editorial Espasa-Calpe y Harrap´s (Madrid, 1994), o el *Diccionario de verbos ingleses* de la misma editorial arriba mencionada.

El diccionario bilingüe, aunque importante, puede ser un instrumento peligroso también, y sólo debería utilizarse como último recurso, no como primera ayuda. Podríamos citar el *Simon and Schuster International Dictionary, English-Spanish, Spanish-English;* el *Collins Spanish Dictionary;* el *Pequeño Larousse (español-inglés, inglés-español),* o *The University of Chicago Spanish Dictionary,* aunque existen ciertas diferencias entre ellos, siendo el primero el que tiene más en cuenta las diferencias léxicas entre los hablantes de español, lo cual resulta sumamente útil en función del receptor de la traducción.

Un tipo de diccionario importante para el traductor es el técnico- se diferencia del terminológico en que sólo contiene términos estandarizados- y cubre todo el campo de la ciencia y/o la tecnología. El *Chambers Technical Dictionary,* el *Elementary Scientific and Technical Dictionary* y el *New Polytechnic Dictionary (1988)* incluyen una amplia gama de disciplinas. Hay otros diccionarios que son más específicos de una rama concreta, por ejemplo el *Collins-Business English Dictionary* (1985) o el *Osborn's Concise Law Dictionary* (1990). No obstante, la proporción de expresiones obsoletas suele ser inevitable, ya que los términos técnicos dejan de utilizarse con mucha más rapidez que en el lenguaje general. Entre este tipo de diccionarios los hay multilingües, bilingües y monolingües.

Los diccionarios con ayuda del ordenador están teniendo un efecto revolucionario en la traducción, ya que permiten compilar materiales que antes resultaban difíciles de clasificar.

Un primer instrumento válido para acercarse a cualquier tema puede ser la enciclopedia. La Enciclopedia *Britannica,* la *Espasa-Calpe,* o la Enciclopedia *Larousse,* por ejemplo, proporcionan información general que puede ser de gran utilidad para situar el contexto en el que se produjo el texto original o buscar alguna referencia.

### Apuntes gramaticales en torno a las lenguas en contacto

El significado en la traducción. Análisis de elementos léxicos y análisis componencial.

El significado es el aspecto que más interesa al traductor, ya que en la operación de transferencia de la lengua fuente a la lengua término, su labor se centra en este mecanismo. Sin embargo, el significado no puede delimitarse dentro de un marco rígido, sino que queda abierto a varias interpretaciones, según el contexto.

El traductor procede siempre ante el significado por intentos sucesivos, adelantando soluciones transitorias que va modificando a medida que se adentra en el sentido del texto. Son pues dos conceptos que hay que tener en cuenta, el significado y el sentido.

El primero es el "concepto", la imagen mental evocada por la audición o la lectura del significante, mientras que el segundo es el contenido conceptual del texto, lo que el texto quiere decir, aunque no coincida con su significado habitual (García Yebra, 1982:37).[i]

El sentido es el causante de que el traductor no pueda actuar de modo lineal, sino a base de avances y retrocesos que van perfilando, poco a poco, la semanticidad total de la unidad textual. A medida que profundiza en su lectura, va observando cómo los elementos léxicos van definiendo y delimitando su extensión semántica.

En algunos casos, las posibles equivalencias cobran validez y, en otros, pierden sentido. En base a ello podríamos señalar dos grupos principales de características- conceptuales y distintivas- que dan lugar a los distintos tipos de significados: conceptual, situacional, contextual, figurativo, paradigmático, o no referencial.

El traductor debe poseer una amplia competencia semántica, la cual- según Katz y Nagel

(1974:313),[ii] se podría definir como la habilidad de los hablantes de hacer juicios sobre las siguientes clases de propiedades: sinonimia, redundancia, contradicción, suposición, ambigüedad, anomalía semántica, antonimia y superordinación.

Existen relaciones jerárquicas entre los significados de las palabras, pero no puede establecerse una clasificación que se aplique de una manera sistemática, por la complejidad que presenta: "run" no está jerárquicamente subordinado a "walk", pero sí en su significado central. Se suelen utilizar estructuras jerárquicas muy amplias, por ejemplo, "animal-mamífero-felino-gato", lo cual quiere decir que cada término sucesivo contiene todos los componentes del término superior, más ciertas características. Y cuantos menos componentes tenga un término, más general es en su aplicabilidad. Por tanto, cuanto menos restringido es un término, más genérico es; mientras que si un término está sujeto a muchas restricciones tienen una aplicabilidad limitada y es más específico. Todo ello debe ser tenido en cuenta por el traductor, primero en la etapa de comprensión del texto a traducir y segundo, a la hora de buscar un equivalente.

El traductor debe disponer asimismo de un gran número de sinónimos. En todas las lenguas hay palabras que son similares en su significado. No obstante, hay pocos sinónimos que sean exactos, pues puede variar su uso y, por lo tanto, el sentido.

Ello podría llevarnos a pensar que la traducción es imposible. Pero no lo es porque traducimos una palabra de acuerdo con la acepción objetiva, pero con connotaciones diferentes: aunque sean sinónimas en su significado denotativo, contienen ciertos matices adicionales, tanto positivos como negativos- por ejemplo, lenguaje formal/informnal-, que tienen como consecuencia que una palabra que resulta apropiada en una situación determinada, no lo sea en otra. Por ejemplo, "police", "officer", "policeman" o "cop" (la policía, un agente de policia, un policía o un poli) todas se refieren al mismo referente, pero su grado de formalidad es muy distinto.

Por otro lado la lengua término no siempre cuenta con una palabra específica para cada uno de los sinónimos de la lengua fuente. Por ello es importante que el traductor conozca las diferencias de significado entre las palabras que son casi sinónimos para poder elegir la que reúna las connotaciones adecuadas. Un ejemplo: "They fought for freedom and liberty", que podríamos traducir como "Lucharon por la libertad y la independencia."

La antonimia puede plantear también problemas. El antónimo de una palabra es su opuesto exacto.

Todas las lenguas poseen parejas de palabras que son antónimos, pero éstos no coinciden en todas las lenguas. Por ejemplo, hay sistemas lingüísticos que tienen palabras para "slave" y "free", mientras que otras simplemente tienen una palabra para "free" y el significado de "slave" se cubre con la expresiéon "non-free". Puede ser muy útil para el traductor que busca una palabra determinada darse cuenta de que, si no encuentra el antónimo, puede construir la forma negativa de esa palabra, ya que en muchas ocasiones no existe en el sistema de la lengua, pero hay ciertas normas para la creación de nuevos vocablos, a veces diferentes en cada lengua. Citemos como ejemplo: "logical/illogical" (lógico/ilógico), "interesting/uninteresting" (interesante/no interesante, aburrido) "polite/impolite" (educado/maleducado).

La mayoría de las lenguas tienen también parejas de palabras que son recíprocas unas de la otras, por ejemplo, "teach-learn" (enseñar-aprender). Puede ser muy útil para el traductor comunicar el mismo significado de la expresión recíproca, cuando la lengua receptora no posea una palabra específica que pueda usarse de la misma forma que en la lengua fuente. Por ejemplo: "Mary taught Rose" (María le enseñó a Rosa) - "Rose learned from Mary" (Rosa aprendió de María).

El traductor debe igualmente tener en cuenta que la oposición que se establece en la antonimia es, para muchos términos, gradual, con relación a una escala, jerarquía o norma. Los términos no suelen ser contradictorios, son graduales. Si decimos "this beer is hot" (esta cerveza está caliente) no implica exactamente lo mismo que "this tea is hot" (este té está caliente). Lo decimos en cuanto a la norma de cómo se suele beber la cerveza, o cómo nos gustaría tomarla: no está tan fría como indica la norma, pero en vez de caliente, puede estar tibia o templada.

Otro aspecto interesante en la formación del traductor, dentro de las relaciones de sentido de las palabras, puede ser el análisis componencial. Dicha técnica fue desarrollada por Nida para establecer el grado de equivalencia entre las palabras y asegurar su correcta traducción. Consiste en analizar los diferentes componentes de los vocablos. Un ejemplo clásico es "bachelor = male + unmarried" (solterón = hombre + soltero (no-casado)). El traductor lo utiliza principalmente para comparar una palabra de la lengua fuente con otra de la lengua término que tenga un significado similar, pero cuya equivalencia no sea exacta. En primer lugar hay que tener en cuenta la diferencia que existe entre la palabra (lexema), el significado del lexema (semema) y los componentes que forman el significado (semas). Los semas son los rasgos distintivos mínimos de significado que son operativos dentro de un único campo léxico, los sememas son los componentes de sentido general que son comunes a los lexemas pertenecientes a varios campos léxicos diferentes, por ejemplo, "animated/inanimated", "male/female" (animado/ inanimado, hombre/mujer). Al realizar el análisis componencial, en primer lugar se comparan los componentes semánticos comunes y después los diferenciales. Si la palabra de la lengua fuente tiene un significado más específico que el de la lengua término, el traductor tendrá que añadir algún componente semántico de  su lengua a ese término, a fin de conseguir una aproximación mayor en el significado. Es una técnica más precisa y limitada que la de parafrasear o definir. Y en la práctica supone identificar características por orden de la importancia que reúnen. Dicha técnica suele aplicarse, o bien a palabras que denotan acciones y cualidades para las cuales resulta difícil asignar un equivalente adecuado en la lengua término, o bien a otras palabras que tienen un significado amplio y complejo como los ejemplos que siguen[iii]:

|  | dog | mon-grel | hound | cub | mutt | puppy |
|---|---|---|---|---|---|---|
|  |  |  |  |  |  |  |

| | | | | | | |
|---|---|---|---|---|---|---|
| SPECIFIC PURPOSE | | | + | | | |
| DEROGATORY | | + | | + | | |
| SIZE | | | | | | + |
| AFFECTIONA-TE | | | | | + | + |
| FIGURATIVE USE | + | + | + | + | | |
| REFERENCE TO LINEAGE | | + | | + | + | |
| YOUNG | | | | | | + |

| | quick | swift | fast | nimble | fleet | rapid |
|---|---|---|---|---|---|---|
| things that moves | | + | + | + | + | + |
| movement | + | | | | | + |
| abstract | + | | | + | | + |
| personal | | + | + | + | + | |
| without effort | | + | | + | | |
| lightness | | | | + | + | |
| liveliness | + | | | + | | |
| short time | + | | | | + | + |
| great speed | | + | | | + | + |
| slow (ant.) | + | + | + | | + | + |

| figurative use | | + | + | | | |
|---|---|---|---|---|---|---|
| specific | | + | | | + | |

**Correspondencias y diferencias entre el inglés y el español: Género, número, persona, tiempos verbales y verbos modales.**

Los sistemas lingüísticos de las lenguas no coinciden, de ahí gran parte de los problemas y dificultades que encuentra el traductor en su trabajo y el estudiante en su labor de aprendizaje de una lengua distinta a su primera lengua. Estas diferencias pueden plantear serios problemas al traductor, tanto en la fase de comprensión o interpretación del texto original como en la fase de producción de un texto traducido. Recordemos algunas diferencias.

**1.- El género.**

El traductor se supone que domina esta categoría y conoce los recursos de cada lengua, pero aún así puede presentar dificultades. Hay casos en los que únicamente se puede servir del contexto o del uso de un pronombre que lo haga explícito, por ello deberá conocer, en el caso de una obra literaria, por ejemplo, todo el texto antes de iniciar su labor traductora. Un ejemplo concreto se halla en la novela de N. Hawthorne *The Scarlet Letter*. Al comienzo del libro encontramos a una madre con su hijo y leemos: "her child", sin saber si se trata de un niño o de una niña, pero si observamos varias de las traducciones de la novela encontramos que los traductores resuelven la ambigüedad al traducirlo como "su hija", según leemos en el texto original más adelante.

El traductor deberá también conocer aquellos casos en los que no existe distinción de género, por ejemplo, en el uso de "it" para "baby" o aquellos en los que sí la hay, pero no en español, por ejemplo, con los animales a los que se les profesa un cariño especial.

**2.- El número**.

A pesar de que existen las mismas categorías de singular y plural, sin embargo, no hay una correspondencia exacta entre ambas lenguas. Por ejemplo, en inglés, tanto el artículo como el adjetivo son invariables, excepto los adjetivos demostrativos; hay sustantivos cuyo plural es irregular en inglés ("tooth", "teeth"), pero no en español y el traductor deberá reconocerlos a la hora de comprender y traducir el texto, así como otros recursos que utiliza la lengua para designar el plural y la forma de traducirlos, por ejemplo, "a piece of furniture" = un mueble; o en aquellos casos en los que el inglés prefiere el plural y el español el singular, bien porque se tiende a singularizar la información ("the colonial days" = la época colonial o "the girls had wet heads" = las muchachas tenían la cabeza húmeda), o bien porque se acentúa la individualidad aludida ("International Women's Year" = El Año Internacional de la Mujer), o bien porque se hace referencia a cada persona en particular ("the participants raised their right hands to show agreement" = los participantes levantaron la mano para indicar acuerdo). Hay, sin embargo, ocasiones en las que ocurre al contrario, por ejemplo, "sus influencias" se traduce normalmente en singular: "his influence", o "interiores barrocos" se traduce como "baroque interior", o en el caso de "noticias" que normalmente se traduce como "news", pero es siempre singular en inglés y plural en español y, por ello, si se quiere mantener el plural habrá que buscar otro sinónimo, por ejemplo, en el caso de "noticias alarmantes" podríamos decir "alarming reports", en lugar de "alarming news"

**3.- Persona.**

La segunda persona presenta ambigüedad en inglés, por ser invariable para el singular y el plural, no haciéndose tampoco la distinción entre *tú* y *usted*. De ahí que el traductor tenga que entender ciertos matices del texto y extraer toda la información que figure en el contexto o la situación para solucionar cualquier problema que pueda surgir y ser consecuente con sus decisiones. Deberá permanecer igualmente atento a las diferencias de uso de "tú" y "usted/es" y "vosotros", con su correspondiente forma verbal, y el posesivo "vuestro/a" y "vuestros/as" entre el español peninsular y el español de los países hispanoamericanos, donde apenas se usa.

Otra diferencia entre ambos idiomas se halla en el hecho de que en inglés hay obligatoriedad de expresar el sujeto pronominal, al contrario del español, que se emplea tan sólo para dar énfasis y para evitar alguna ambigüedad. En caso contrario, denota la influencia de uso en la lengua inglesa. Por ejemplo: "I phoned Peter yesterday" = "Ayer telefoneé a Pedro".

En español, el uso de las formas "su", "suyo/-a", "suyos/-as" precisa de una especificación en inglés, para lo cual el traductor debe conocer el contexto. Por ejemplo: "Era su padre", "su" puede significar "de ella", "de él", "de ellos", "de ellas", "de usted" o "de ustedes". Y la ambigüedad debe resolverse en inglés al tener que elegir entre "his", "her" o "your".

**4.- Los tiempos verbales.**

Los tiempos verbales no se corresponden exactamente en las dos lenguas. Una de las mayores diferencias radica en el uso extensivo que hace el inglés de la forma progresiva, aplicable a todos sus tiempos, mientras que en español su uso es más restringido y, por ejemplo, no se suele usar para acciones que tienen lugar en el momento actual ("He is wearing hat" = "Lleva sombrero") o para expresar planes que tendrán lugar brevemente: "She is going to visit some friends tomorrow" = "Mañana va a visitar a unos amigos").

El pasado simple inglés puede traducirse: por el indefinido, por el imperfecto y por el pretérito perfecto, por lo que puede plantear problemas a la hora de traducir.

1) Se utiliza el indefinido cuando va acompañado de una fecha exacta: "I went to London two years ago" = "Fuí a Londres hace dos años".

2) Se utiliza el imperfecto cuando no hay una expresión temporal: "She liked dancing" = "Le gustaba bailar".

- Cuando el inglés usa el pasado simple continuo: "He was having dinner when his sister arrived" = "Estaba cenando cuando llegó su hermana".

- Cuando se quiere expresar cortesía: "I wanted to speak with you" = "Quería hablar con usted".

3) Se usa el pretérito imperfecto cuando la unidad de tiempo expresada no ha terminado todavía: "We enjoyed the class today" = "Hoy nos ha gustado la clase".

Hay también ciertas diferencias en el uso y traducción de los verbos modales ingleses. Por ejemplo, en algunas ocasiones se utiliza el futuro en español:

- cuando expresamos probabilidad: "He must weigh the same as you" = "Pesará como tú".
- cuando expresamos sorpresa: "Could it be possible!" = "¡Será posible!".

Los modos verbales no se corresponden tampoco exactamente entre ambas lenguas ya que en inglés suele coincidir el modo subjuntivo con el indicativo, excepto en algunos casos del presente de subjuntivo del verbo "to be": "She wants to have everything ready before her husband arrives" = "Quiere tener todo preparado antes de que llegue su marido", o "If I were/was you,..." = "Si yo fuera tú,...".

El subjuntivo español suele plantear problemas a los estudiantes. Con frecuencia se traduce al inglés por el gerundio: "logró que nos subieran el salario" = "he succeeded in getting us a salary rise"; o por un infinitivo: "el anfitrión no quiere que se sientan incómodos" = "the host wants you to feel at home".

A veces se hace necesario el uso de un verbo modal, como por ejemplo: "may", "might", "can", "could", etc.: "Este es el material que hubiesen aprovechado para su investigación" = "These are the materials which they might have used for their

research".   Conviene   también   recordar   aquellas
expresiones, o subordinadores que siempre exigen
el uso del subjuntivo, por ejemplo: a fin de que ("in
order that"), a menos que ("unless"), a no ser que
("unless"), antes de que ("before"), con tal de que
("provided that"), en caso de que ('in case"), para
que ("in order that), sin que ("without"). Por
ejemplo, "El llega antes de que yo me vaya" = "He
arrives before I leave".

La modalidad- la actitud del sujeto hablante- se
expresa, en ocasiones, de forma diferente. Por
ejemplo: "He may come" = "Puede que/ Es posible
que venga" o "A lo mejor viene". O con los verbos
de percepción no se traduce el verbo modal al
español: "I can see him" = "Le veo".

La voz pasiva se utiliza más en inglés que en
español, que limita su uso para cuando quiere
producir un efecto especial de claridad o énfasis.

Las tres posibilidades más usuales de traducirla
son;

1) por la voz activa impersonal: "My car was
stolen" = "Me han robado el coche",

2) por la pasiva refleja: "Coke is usually drunk
cold" = "La coca-cola normalmente se bebe fría",

3) o se conserva la forma pasiva: "The thief was
arrested" = "El ladrón fue arrestado".

Hay otros aspectos diferentes que podríamos
mencionar:

| INGLES: | ESPAÑOL: |
| --- | --- |
| - Más económico (sintético) | - Menos económico (analítico) |
| - Más facilidad para crear palabras | - Menos facilidad para crear palabras |
| - Predominio de la frase sujeto - predicado | - Mayor flexibilidad en la estructura de la frase |
| -Fácil adaptación del vocabulario al progreso técnico-científico. | - Menos facilidad de adaptación al progreso técnico-científico |
| - Uso generalizado del posesivo | - Uso menos generalizado del posesivo |
| - Uso frecuente de los artículos. | - Uso más limitado de los artículos |
| - Uso de mayúsculas | - Uso de minúsculas |
| - Fuerza de las preposiciones | - Debilidad de las preposiciones |
| - Importancia del modo de acción | - Importancia de la dirección de la acción |
| - Rigidez de las formas epistolares | - Mayor variedad de las fórmulas epistolares |
| - Tendencia a crear y usar siglas. | - Menos tendencia a crear y usar siglas. |
| - Ciertas diferencias en las normas de puntuación. | - Ciertas diferencias en las normas de puntuación. |

| - Moderado uso de títulos honoríficos | - Exagerado uso de títulos honoríficos |
|---|---|

A continuación ofrecemos un ejemplo orientativo de cada uno de estos aspectos:
Ejemplos:
1.- He nodded = Asintió con la cabeza.
2.- In-words = Palabras en boga.
3.- The limited time available allowed me to visit only the Museum of Modern Art = Por el escaso tiempo de que disponía, sólo visité el Museo de Arte Moderno.
4.- Feedback = Retroalimentación, realimentación.
5.- The gentleman removed their hats = Los señores se quitaron el sombrero.
6.- Any man can become a great man without having a great talent or without possessing superior intelligence = Puede muy bien cualquiera llegar a ser un gran hombre sin estar dotado de talento ni de ingenio superior.
7.- January 14, 1994 = 14 de enero de 1994.
8.- The need to continue the discussion on formulas for solving vital issues = La necesidad de continuar el diálogo para encontrar fórmulas de solución.
9.- He swam across the river = Cruzó el rio nadando

10.- Dear Sir/Madam, = Muy señor/señora
mío/a; Estimado señor/a; Muy estimado señor/a;
Apreciado señor/a; Querido señor/a:,.etc.
11.- U of M = University of Minnesota.
12.- Dear Director = Ilustrísimo Señor Director.
13.- *The Catcher in the Rye* = *El guardian en el
centeno*

**Traducción de las formas -ing al español.**

La complejidad sintáctica que presentan las
formas -ing en inglés a la hora de traducirlas al
español obedece a la mayor sencillez léxica y
morfológica que caracteriza a aquella lengua en
oposición a una mayor complejidad en esos
aspectos en español. Si intentamos hacer una
traducción literal de estas formas utilizando el
gerundio español, rápidamente comprobamos que
hay casos en los que no es posible y hay que
servirse de otra estrategia. La forma -ing del inglés
es un claro ejemplo de la capacidad creadora de
este idioma, que admite muy diversas funciones:
sustantivo, gerundio, adjetivo, participio de
presente, etc., mientras que el gerundio español es
de uso bastante más restringido y una de las formas
no personales del verbo más controvertidas para los
lingüistas y sobre las que hay mayor desacuerdo,
porque su uso implica aspectos estilísticos

relacionados con reglas gramaticales. Ello da lugar a una vacilación que revela la existencia de un problema no resuelto todavía y a un uso exagerado en algunas regiones de Latinoamérica ("ir yendo",  "estar siendo", etc.) en situaciones que son inaceptables en el habla peninsular.

El origen de tales diferencias y dificultades hay que buscarlo en el valor distinto que tiene las formas en -ing inglesas y las formas en -endo españolas, así como en la gran influencia actual del inglés en el español. Con respecto a esta lengua, y aunque se engloben las formas en -ndo dentro de las formas -ing, hay que establecer la diferencia entre el gerundio y el participio de presente (Fente Gómez, 1971:99-112),[iv] puesto que ambos cumplen funciones diferentes: el gerundio funciona principalmente como sustantivo y puede ser modificado por un adjetivo, mientras que el participio puede funcionar como verbo, adjetivo o adverbio.

Siguiendo esta distinción podemos aventurar una serie de indicaciones prácticas en cada uno de los dos casos.

El gerundio puede encuadrarse dentro de ciertas categorías generales:

1) Como sujeto de la oración, "Reading is fun", que encuentra su correspondencia en el infinitivo español, "Leer es divertido", y que puede realizar

las funciones de sujeto, como en el ejemplo anterior; de complemento directo, "I have a feeling about it" traducido como "le tengo cariño" o de complemento indirecto, "He gives his own time to the reading of comic books" traducido como "dedica todo su tiempo a la lectura de tebeos".

2) Después de preposición, "He insisted on coming", que se traduce, igual que en el caso anterior, por infinitivo: "Insistió en venir". Puede tener también un carácter pasivo, "...of which I began by recording", y se traduce también por infinitivo, "...que he hecho constar al principio". O puede requerir el pretérito perfecto, "I was as if, in calling, he has resolved the enigma", que podría traducirse como "Parecía que, con su visita, hubiera resuelto el problema".

3) Posesivo + -ing:

En este caso el gerundio inglés puede traducirse por:

- infinitivo: "... your handing me over", cuyo equivalente sería "...entregarme usted a mí".

- por una oración de relativo: "a reason for her running to and fro", cuyo equivalente sería "...una razón para que se vaya de un lado a otro".

- sustantivo: "...his warning", cuyo equivalente sería "...su advertencia".

4) Después de ciertos verbos, por ejemplo, "I  don't mind waiting for it", igualmente traducible por un infinitivo, "No me importa esperar".

5) En sustantivos compuestos, por ejemplo "a diving boat", que se traduce toda la expresión por un sustantivo, "trampolín".

El gerundio inglés, después de ciertos verbos ("to need", "to stand", "to take"), puede adquirir un valor pasivo que no tiene en español: "This work needs doing", que encuentra su equivalente en "Hay que hacer este trabajo".

El participio de presente puede:

1) Tener una función adjetival y traducirse como un adjetivo: "Running water", traducido como "Agua corriente".

2) Formar los tiempos continuos del verbo, en cuyo caso puede traducirse por la forma simple: "He is working", traducido como "Trabaja" o "Está trabajando".

3) Acompañar a verbos de sensación, en cuyo caso suele traducirse por la forma de gerundio: "I saw her shopping", traducido como "La vi comprando".

4) Cuando dos acciones ocurren simultáneamente, el segundo verbo puede ponerse en participio, y lo mismo ocurre en español: "He went away singing", traducido como "Se marchó cantando".

5) Cuando una acción es seguida por otra inmediata en el tiempo, puede traducirse por una oración de infinitivo en español: "Opening the door, he said hello to me", traducido como, "Al abrir la puerta me saludó".

6) Cuando la segunda acción forma parte de la primera, o es resultado de ésta, se utiliza la misma forma al traducirlo: "she went away, slamming the door", traducido como "salió dando un portazo".

7) Con una función adverbial, para reemplazar la fórmula "as/since/because + sujeto + verbo, conservando la misma estructura al ser traducida, por ejemplo, "as (being) a student, he could visit the museums free", traducido como "siendo como era estudiante, podía visitar gratis los museos".

Desde otro punto de vista podríamos señalar las estructuras diversas a las que corresponde en español el participio de presente o el verbo en forma progresiva[v]:

- sustantivo: "If it wasn't for what's going on", traducido como "Si no fuera por el ajetreo".

- verbo en pasado: "...resting upon it as proof enough", traducido como "lo utilizó como prueba fehaciente".

- condicional: "I'm not going to give you up for anybody", traducido como "No te dejaría por nadie".

- infinitivo: "If you're afraid... are you going to make me the same?", traducido como "Si usted tiene miedo...¿por qué ha de intentar que también lo tenga yo?".
- presente simple: "That's what I'm thinking of him", traducido como "Eso es lo que pienso de él".
- frase verbal "ir + infinitivo": "He's buying a new car next month", traducido como "Se va a comprar un coche nuevo el próximo mes".
- gerundio: "What on earth are you talking about?", traducido como "¿Se puede saber de qué está hablando?".
- imperfecto: "He was studying American literature", traducido como, "Estudiaba literatura norteamericana".

La forma inglesa -ing puede funcionar también como adjetivo, en cuyo caso suele respetarse la estructura, cuando existe un equivalente en español: "That's interesting", traducido como "Es interesante"; "an extraordinary charming girl", traducido como "una muchacha extraordinariamente encantadora" o "the arriving gentlemen", traducido como "los caballeros recién llegados".

Otras veces la forma -ing se convierte en complemento del nombre en español: "English-speaking people", traducido como "gentes de habla inglesa". O, a veces, se puede traducir por una oración de relativo: "...in waiting cars", traducido como "en los coches que esperaban".

La forma -ing puede tener también una función adverbial e introducir diferentes tipos de oraciones subordinadas. En estos casos su traducción suele necesitar una expresión que corresponda a dicha función: "She has arrived this noon coming up from Southampton", traducido como "Ha llegado este mediodía desde Southampton". Hay casos en los que puede conservarse el gerundio en español: "Everybody, including Mrs. Smith, was singing", traducido como "todo el mundo, incluyendo a la señora Smith, cantaba".

### Los "falsos amigos"

Los "falsos amigos" ("false friends", "false cognates") son palabras o expresiones que tienen la misma forma y significado diferente. Pueden ocurrir dentro de una misma lengua (intralingüísticos) o entre dos o más lenguas (extralingüísticos). Su origen es muy diverso. Puede deberse a cambios de sentido a través del tiempo ("gay" = alegre ha pasado a tener un significado completamente distinto: "gay" = marica), a distancias geográficas ("biscuit" tiene el significado de "galleta" en inglés británico y de "bizcocho" en inglés americano), o a fenómenos culturales ("feminist" en Japonés se utiliza generalmente para describir a un hombre que es demasiado considerado con las mujeres).

Aunque el traductor no debe tener miedo a la traducción literal de las palabras que parecen significar lo mismo en ambas lenguas, es necesario, sin embargo, que conozca los "falsos amigos" que se producen, tanto dentro de una misma lengua, como entre las dos lenguas en contacto, para tenerlos muy en cuenta a la hora de traducir.

Estos últimos, es decir, los falsos amigos extralingüísticos, son interferencias que contaminan el idioma, y que pueden dar lugar a traducciones totalmente erróneas. Los ejemplos que siguen demuestran que una palabra del español no es equivalente a una del inglés sólo por su parecido físico; la grafía es igual, pero el significado es diferente, por lo que hay que estar en guardia.

"Actual" no significa "actual" en español, sino "efectivo" o "real"; o "eventually" no significa en español "eventualmente", sino "por fin", "a la larga" o "en definitiva", mientras que el correspondiente vocablo inglés para el español "eventual" será "casual, provisional". Veamos algunos otros ejemplos:

- "A happy *occurrence*" = "Un *acontecimiento* feliz".

- "A very *novel* style of dressing" = "Un estilo muy *original* de vestir".
- "What are you *miserable* about?" = "¿Por qué estás tan *triste*?".
- "A *miserable* life" = "Una vida *desgraciada*".
- "He is making his life a *misery*" = "Le está *amargando* la vida".
- "*Peculiar* situation" = "Situación *especial* (rara, insólita)".
- "I cannot *resist* ice-creams" = "*Me encantan* los helados".
- "This food is very *rich* " = "Esta comida es muy *pesada*".
- "I do really sympathize" = "*Lo siento* de verdad".
- "A sensible answer" = "Una respuesta *sensata* (razonable)".

Como puede apreciarse por los ejemplos anteriores, significantes similares de ambas lenguas tienen significaciones distintas, por lo que hay que elegir la expresión adecuada que defina la idea que requiere el mensaje.

### Interferencias lingüísticas. Neologismos, préstamos, calcos y anglicismos

Un aspecto importante del proceso de traducción es la interferencia lingüística, es decir, la persistencia de los usos peculiares de la lengua fuente en la lengua término. En comunidades bilingües es frecuente que se produzcan neologismos, préstamos o calcos lingüísticos, que sin duda ayudan a la contaminación de un sistema lingüístico por otro. En el ámbito de la traducción, existe una resistencia mayor a evitar las consecuencias habituales del bilingüismo, por lo que, en textos traducidos, no suele haber una cantidad tan elevada de interferencias como ocurre en una población bilingüe. No obstante siempre existe el riesgo de que pueda surgir la interferencia lingüística (García Yebra, 1982:104), y cuanto más débil sea el domino de la lengua a la que se traduce, más frecuentes serán las interferencias que se reflejan en la traducción.[vi]

El problema de la interferencia se observa más claramente dentro del plano léxico y podemos hablar de neologismos, préstamos y calcos.

Llamamos neologismo a toda creación léxica, semántica, formal y gramatical, o incorporación de otra lengua, que entra a formar parte de un sistema lingüístico diferente al suyo propio. Puede deberse a razones objetivas- nuevos productos- o subjetivas- modas o estilos.

El neologismo léxico puede ser de dos clases (Alvarez Calleja, 1991:228):

1.- Creación pura, por un invento o una creación individual: gas, Dodotis.

2.- Préstamo. Adopción de una unidad léxica pura o una forma extraña a la lengua que lo incorpora. Son varias las categorías que hay:

a) Préstamo de significante, en el que se toma la palabra sin traducir o se adapta. Podríamos distinguir entre préstamo y extranjerismo, aunque la distinción no es muy clara, ya que aquellos que fueron extranjerismos- términos sin ningún tipo de adaptación- pueden haberse convertido en préstamos: video, canoa, chocolate. En el caso de extranjerismos tomados del inglés los denominaremos anglicismos.[vii]

b) Calco semántico o préstamo de sentido, en el que se le da a la forma española el mismo valor semántico de la otra lengua: "star" = "estrella".

c) Calco léxico, en el que se traduce una palabra o estructura del idioma exportador al importador: "hot dog" = "perrito caliente".

d) Neologismo absoluto o palabra importada: televisión.

Un préstamo puede adaptarse por la vista, es decir, se lee como si fuera español: club; por el oído: "football" = "fútbol"; o adaptar la grafía: "yogourt" = "yogur".

En cuanto a los anglicismos, hay tres posibilidades de adaptación al español y el traductor deberá ser consciente de ello:

1.- Sustituir la palabra extranjera por su equivalente en español: "speaker" = "locutor".

2.- Adaptar la palabra al español: "cibernetic" = "cibernética".

3.- Sustituir extranjerismos por palabras españolas preexistentes, con las necesarias acomodaciones semánticas: "interview" = "entrevista", "shock" = "choque".

El préstamo como extranjerismo sólo debería aceptarlo el traductor cuando no encuentre otra alternativa y aclarándolo con notas a pie de página.

Como muy bien apunta Marcos Pérez (1971)[viii], los medios de comunicación son los principales instrumentos que ayudan a introducir estructuras, vocablos o términos foráneos. A veces los anglicismos tienen una vida corta y desaparecen, y otras veces entran a formar parte de la lengua y servir de base para la creación de otras palabras: "flirt" = "flirteo", "flirtear"; o con cambios fonéticos: "shampoo" = "champú"; o gráficos: "cocktail" = "cóctel".

Otro fenómeno de nuestra era es el uso masivo de siglas, sobretodo en el inglés, algunas de las cuales las ha copiado el español y se utilizan como palabras: "LP" = "long perfomance", "FAO" =

"Food and Agicultural Organization". Hay también términos compuestos, que por la concisión del idioma inglés, resultan muy gráficos y útiles: "top-secret"; "top-model".

Sin embargo los anglicismos gramaticales son los más perjudiciales para el español y se manifiestan en un uso incorrecto de su gramática.

Algunos de estos usos incorrectos son:

- abuso de adjetivos posesivos: metí mi mano en el bosillo;

- empleo excesivo de la voz pasiva: el programa ha sido aprobado por unanimidad.

- abuso de la forma progresiva inglesa: el coche estaba siendo reparado;

- abuso del adjetivo con valor adverbial: hablar alto, espera tranquilo aquí;

- uso frecuente de la estructura adjetivo + sustantivo, especialmente con el superlativo: la más hermosa mujer;

- uso de la estructura "hacer + complemento + adjetivo: "señora, haga su hogar confortable";

- uso de verbos + preposiciones que no son normales en español: "pedí por el aprobado";

- uso del sustantivo con dos preposiciones: "preparación para y por la guerra";

- uso de la estructura *que* + un giro adverbial: "es por esa razón que he venido";

- uso del posesivo antepuesto: "no es mi culpa";

- uso frecuente de la preposición *de* + *que* (dequeismo): "me acuerdo de que tengo que....";
- empleo de una preposición desacostumbrada en giros temporales: "no le había visto por un año", o en el régimen verbal o adjetival: "esto es muy difícil para/a hacer";
- colocación de adverbios compuestos entre haber y el participio pasado: "las exportaciones se habían más de tres veces duplicado";
- supresión de preposiciones: "jugar tenis";
- formación de nuevas palabras con palabras extranjeras: lord, lores;

Otro fenómeno importante dentro del ámbito del neologismo es la incorporación casi masiva de términos relacionados con la ciencia y la tecnología, debido al gran desarrollo en estas áreas y al predomio del inglés como lengua oficial dentro del mundo económico internacional. Se estima que cada año suelen incorporarse unas tres mil palabras. A la vez que van apareciendo diccionarios especializados.

Son palabras que aparecen por una necesidad particular y el personal técnico encargado de la reparación o montaje, por ejemplo, de determinados aparatos, no suele conocer su traducción, únicamente el término inglés y su aplicación. Son términos que el traductor también desconoce y que para traducirlas deberá estar en

contacto con personal especializado en esa rama
concreta de la ciencia y disponer, a su vez, de
glosarios o diccionarios adecuados o recurrir a
bancos de datos con el fin de llevar a cabo una
traducción o uso correcto del término, limitando el
empleo de anglicismos a las expresiones o palabras
que carezcan de equivalente en este caso en
español.

### Traducción de expresiones idiomáticas: modismos, frases hechas, proverbios

Los modismos ("idioms"), "frases hechas" y
proverbios constituyen otro de los problemas
riesg difíciles de la traducción. Y el primer escollo se
halla en encontrar una definición adecuada. En el
*Webster's Dictionary* encontramos la siguiente
definición de modismo: "a construction, expression,
etc., having a meaning different from the literal", y
el *Diccionario de la Real Academia* nos dice:
"Modo particular de hablar propio y privativo de
una lengua", es decir, suponen una ruptura dentro
de la lógica del idioma. Pero, a su vez, son formas
fijas, "frozen patterns of language"- como las
define Mona Baker (1992:63)[ix]:

(Idioms and fixed expressions) are frozen patterns
of language which allow little or no variation in

contrario de lo que ocurre con otras form and, in the case of idioms, often carry meanings which cannot be deduced from their individual components.

Ello significa que, al estructuras, sobre todo con los modismos, no se puede:

a) cambiar el orden de las palabras (p. e. * "the short and the long of it")$^x$;

b) quitar palabras (p. e. * "spill beans");

c) añadir palabras (p. e. * "face the classical music");

d) cambiar una palabra por otra similar en cuanto al significado (p. e.* "the tall and the short of it");

e) cambiar su estructura gramatical (p. e.*("The music was faced").

Las "frases hechas" (p. e. "Ladies and Gentlemen"; esp. "Señoras y señores") y los proverbios (p. e. "practise what you preach", esp. "predicar con el ejemplo") pueden admitir algún cambio en cuento a la forma, pero suelen ser más transparentes, aunque ello no quiere decir que su significado pueda deducirse de la suma de los significados de sus componentes: la expresión debe ser tomada como una unidad aislada.

El traductor debe dominar también un sin número de frases hechas o expresiones que se utilizan frecuentemente en determinados textos-

podríamos hablar de "stock phrases"-. Son frases
que nos permiten estructurar las ideas, darles forma
y establecer relaciones entre ellas. Suelen tener su
equivalente en la otra lengua y más de un sinónimo
que resulta útil conocer porque ayuda al traductor a
trabajar con mayor rapidez y mejor estilo. Son
frases que se utilizan muy frecuentemente, pero no
siempre de un modo correcto. Citemos algunos
ejemplos :

| according to: | conforme a, de conformidad con, con arreglo a. |
|---|---|
| as agreed to: | como se ha convenido, según lo acordado. |
| as requested: | conforme a lo solicitado. |
| as set forth: | conforme a lo estipulado, como se establece. |
| as an interim measure: | como medida transitoria. |
| by way of: | por vía de, por concepto de. |
| for further consideration: | para estudio ulterior. |
| for the sake of brevity: | para mayor brevedad. |
| in the judgement of many: | para muchos. |
| on the whole: | en general, en su totalidad, por lo general. |

En cuanto a los modismos, si tratamos de comparar las dos lenguas en contacto, hallamos que el inglés posee una gran cantidad de modismos verbales, entendiendo como tal las variaciones de significado que pueden obtenerse en inglés añadiendo a un verbo distintas preposiciones o adverbios. Existen buenos diccionarios y obras especializadas sobre el tema que el traductor debe tener a su alcance. Abundan igualmente en inglés, expresiones "slang", presentes en todos los grupos sociales, aún a pesar de su antiacademicismo, y que constituyen un sector que presenta ciertas dificultades de comprensión. Hay buenos ejemplos de estudios, obras especializadas y diccionarios que pueden ayudar al traductor, por ejemplo el *Diccionario de modismos ingleses y norteamericanos* de Alfonso Torrents dels Prats [xi] o el más reciente de Eugene Savaiano, *2001 Spanish and English Idioms* [xii].

Es evidente, sin embargo, que, si el tratar de establecer la equivalencia entre las palabras aisladas de uso corriente presenta ya abundantes dificultades de traducción, el tratar de buscar un equivalente para sus fórmulas de expresión es una labor mucho más árdua; de ahí las teorías pesimistas en cuanto a las posibilidades de comuniciación entre las lenguas distintas. Pero hay que aceptar que ambas lenguas tienen un substrato cultural común y que hay muchas situaciones en que los hombres de distintas culturas reaccionan de la misma manera. Con ello queremos decir que la traducción de una expresión inglesa al español, o a la inversa, es posible aunque las técnicas utilizadas sean diferentes. Hay ocasiones en las que existen expresiones paralelas, y en aquellos casos en los que no es así se puede recurrir a la explicación.

El problema, sin embargo, puede ser más complejo. La competencia de cualquier hablante en el uso de modismos y expresiones fijas en una segunda lengua rara vez se puede comparar con la de un hablante nativo. Por ello la mayor parte de los traductores que traducen a la lengua extranjera no pueden esperar tener su misma sensibilidad para juzgar cómo, cuándo o de qué manera se puede manipular una de estas estructuras. Dicho argumento es utilizado para defender que el traductor sólo debe trasladar textos de la lengua extranjera a su primera lengua. Pero, como quiera que nuestro propósito no es formar traductores, sino ayudar al estudiante de español, o al traductor ocasional, a utilizar la lengua adecuadamente, vamos a establecer algunos puntos útiles .

Los principales problemas para su traducción se hallan en dos áreas principales:

a) la habilidad para reconocer e interpretar un expresión fija correctamente;

b) las dificultades que el traductor se encuentra para buscar un equivalente o la forma más adecuada de trasladar todo su significado a la otra lengua.

Con respecto al primer punto, hay diversos grados de dificultad en la labor de reconocimiento de este tipo de expresiones- sobre todo en lo que se refiere a los modismos-, dependiendo de si se trata de una expresión transparente ("It's raining cats and dogs" = "Llueve a cántaros"), opaca ("to have cold feet" = "a sangre fría") o una expresión que pueda conducir a error ("to take someone for a ride" ("deceive or cheat someone in some way") = "tomarle el pelo a alguien", ("engañar a alguien") o en español: "subirse a la parra" = "to be very expensive". El primer tipo de expresión es, quizá el más fácil de reconocer por el traductor porque carece de sentido, dentro del contexto en el que está, si se traduce literalmente. En cuanto a los otros dos tipos, el traductor, si no le resulta familiar la expresión, debe utilizar obras de referencia o, mejor todavía, consultar con un nativo de esa lengua, cuando sospeche que hay algo en ese contexto particular que no tiene sentido. Otro elemento que puede servir para su identificación es la colocación, es decir, el traductor debe prestar atención al entorno que rodea a esa expresión a cuyo significado no se puede acceder directamente.

Los modismos y las expresiones fijas tienen estructuras concretas de colocación. Y, si bien, no siempre va a servirnos para averiguar su significado, sí puede servirnos para reconocerlo, sobretodo en aquellos casos en los que tiene un significado literal y otro metafórico.

Una vez que el traductor ha reconocido la expresión fija, el siguiente paso es su traducción, y aquí los problemas que se plantean son diferentes, y podríamos resumirlos del siguiente modo:

a) Una expresión fija puede o puede no tener un equivalente en la otra lengua, como ocurre con muchas expresiones culturales, aunque ello no quiere decir que no se puedan traducir.

b) Una expresión fija puede tener un equivalente en la otra lengua pero se usan en contextos diferentes; implican diferentes connotaciones o, desde el punto de vista pragmático, no se pueden traducir.

c) Un modismo puede tener en la lengua original dos sentidos, uno literal y otro metafórico, pero en la segunda lengua sólo tienen un significado literal.

d) Las convenciones propias de cada lengua en el uso de modismos, los contextos en los que aparecen y la frecuencia con lo que lo hacen pueden ser diferentes en ambas lenguas.

Todo ello viene a demostrarnos que son muchos los factores que influyen a la hora de traducir una expresión de este tipo. No es sólo una cuestion de que la otra lengua disponga o no de una expresión equivalente, sino también de los otros aspectos reseñados. Las estrategias a seguir son varias dependiendo del contexto en el que se va a traducir. Encontrar un equivalente exacto en la otra lengua puede considerarse como la solución ideal, pero no siempre es así. Hay que tener en cuenta el estilo, el registro y el efecto retórico que puede tener. Fernando y Flavell (1981:82)[xiii] previenen al traductor contra "the strong unconscious urge in most translators to search hard for an idiom in the receptor-language, however inappropiate it may be".

Las posibilidades de traducir una estructura fija son, a tenor de lo expuesto:

- utilizar una expresión similar, tanto en cuanto a la forma como al significado: ""has the cat had/got your tongue?", esp. "¿Se te ha comido la lengua el gato?";

- utilizar una expresión similar en cuanto al significado pero de forma diferente: "It's raining cats and dogs", esp. "Llueve a cántaros";

- utilizar una paráfrasis: "the hit-and-run of the other day", esp. "el atropello y fuga del otro día".

- omitir tal expresión, cuando su significado se halla implícito en la otra lengua y su traducción resultaría forzada o fuera de contexto.

- compensar la omisión de una expresión con el uso de otra en un lugar diferente del texto traducido, técnica qu no se halla restringida a este aspecto de la lengua, sino que puede utilizarse en cualquier momento para compensar la pérdida de significado, fuerza emocional o efecto estilístico que no era posible reproducir directamente en un lugar determinado del texto. Mason (1990:29)[xiv] ofrece un ejemplo de esta técnica por parte de los traductores al inglés de los comics franceses *Asterix y Obelix*.

## Puntuación, nombres propios y títulos

La puntuación es una forma de dar la máxima expresividad al texto, y está en función del método de traducción elegido, es decir, literal, equivalencia o adaptación. Lo más importante para el traductor es, sin duda alguna, dominar la puntuación de la lengua término, aunque también sea necesario conocer la puntuación de la lengua que traduce, ya que cada idioma tiene sus propias normas y además depende del estilo particular del texto y del autor.

Por lo tanto, lo primero que hay que plantearse es ver qué clase de texto es, puesto que no se pueden establecer unas reglas fijas. Habrá que entender los párrafos y después verlo en su conjunto, antes de decidir si podemos respetar en su totalidad la estructura del original o si habrá que introducir algunos cambios.

En cuanto a las notas a pie de página conviene saber utilizar las que hay en el original y si es necesario introducir otras, pero habrá que procurar reducirlas al mínimo.

Además de la conocida omisión en inglés, al comienzo de la frase, de los signos de interrogación y admiración, podríamos mencionar otras diferencias:

El comienzo de las cartas en inglés lleva coma o dos puntos y en español sólo dos puntos: "Dear Sir," = "Muy señor mío:".

Los diálogos suelen ponerse en inglés entre comillas y en español se antepone un guión: "Madam is leaving at once?" asked the porter", esp. "- ¿La señora se marcha ahora mismo?- preguntó el portero".

Cuando se usa un guión y la cita termina un párrafo, en español no se indica el fin de la cita: "That is not true", she corrected me. "I didn't do it", = "- No es verdad- me corrigió. Yo no lo hice".

Las explicaciones al final de la frase suelen ir en inglés precedidas de un guión y de dos puntos o una coma en español: "Stephen was sitting upright in his chair- dead." = "Stephen se mantenía erguido en su silla: muerto". El guión se suele utilizar también en inglés para introducir un nuevo elemento a la información.

En inglés se utilizan los dos puntos para expresar las horas, pero en español se prefiere sólo un punto: "At 10:15" = "A las 10.15".

El inglés usa el guión para formar palabras compuestas, y el español lo evita: "anti-freezer" = "anticongelante".

En inglés los adjetivos compuestos por un numeral que designa una unidad de tiempo o espacio suelen llevar un guión, pero no en español: "a five-year contract" = "un contrato de cinco años".

En inglés en las direcciones se usa la coma y en español el paréntesis: "Minneapolis, Minnesota" = "Alcalá de Henares (Madrid)".

En inglés las conjunciones copulativas "and", "or" suelen ir precedidas de coma, pero no en español: He turned his bed over, and shook it = Revolvió su cama de arriba a abajo y la sacudió.

En inglés se escriben con mayúscula inicial los días de la semana, meses, nacionalidades e idiomas, mientras que en español se usa minúsculas: "I'll see you on Monday" = "Te veré el lunes".

"She can speak English and Rusian" = "Sabe inglés y ruso".

En inglés los títulos honoríficos llevan mayúscula inicial, pero no en español salvo en las abreviaturas ("Muy Sr. mío:)": "The Prince of Wales" = "El príncipe de Gales".

En inglés los títulos de periódicos o revistas suelen escribirse con mayúsculas iniciales y subrayados o en cursiva, pero si se trata de títulos de libros, en español, suele escribirse con mayúsculas sólamente la primera palabra: *The Scarlet Letter* = *La letra escarlata*. Si el libro no se ha traducido, el título tampoco es necesario traducirlo.

Los nombres propios de personas no suelen traducirse, a menos que se trate de personajes históricos que tienen ya un equivalente en la LL: "Henry VIII" = "Enrique VIII"; "Robert Redford" = Robert Redford".

Los nombres de los organismos internacionales, si tienen su correspondencia en la lengua término, debe buscarse su equivalente: "United Nation Organization (UNO)" = "Organización de las Naciones Unidas (ONU)".

Los nombres de empresas públicas y privadas normalmente no se traducen, excepto cuando sean descriptivos: "Town Hall" = "Ayuntamiento".

Los nombres de ciudades, calles, condados o paises no se traducen a menos que sean muy conocidos y haya ya un equivalente establecido, por ejemplo, "Fifth Avenue" = "Quinta Avenida". El inglés utiliza con más frecuencia los números ordinales que el español: "We are living in the 20th century" = "Vivimos en el siglo XX". En inglés los números enteros se separan con coma y los decimales con punto. En español ocurre lo contrario: "1, 340" = "1.340", "12.76" = "2,76". Los titulares de los periódicos suelen ser más concisos en inglés que en español, con muy pocos artículos. Es importante leer todo el artículo antes de traducirlos. Ejemplos: "Students Clash with National Guard in North Korea" = "Enfrentamiento estudiantil con la Guardia Nacional en Corea del Norte", "Tear Gas for Anti-Government Demonstrators in South Africa" = "Manifestantes antigubernamentales dispersados con gases lacrimógenos en Sudáfrica.

### *Procedimientos de traducción*

Los signos de dos lenguas diferentes no pueden superponerse o intercambiarse automáticamente de manera unívoca. La traducción no es una operación que resulte de equivalencias preexistentes entre los signos de las lenguas en contacto, sino que se establece por medio de mensajes. Por ello el traductor debe realizar constantemente análisis a diferentes niveles: semántico, sintáctico, pragmático y estilístico. Constantemente debe tomar decisiones y utilizar diferentes estrategias, procedimientos o técnicas que le lleven a trasladar el mensaje a la otra lengua.

**Modulación.**

A la hora de hablar de técnicas de traducción, o procedimientos que el traductor utiliza para verter un texto de la lengua origen a la lengua término hay que aludir a la modulación. Dicha técnica consiste en una variación del punto de vista, imagen o metáfora que obliga a otros cambios ya que los sistemas lingüísticos de las lenguas no coinciden y las culturas son también diferentes. El traductor se ve obligado a utilizar dicho procedimiento cuando se da cuenta de que la traducción literal, aunque gramaticalmente correcta, no produce el mismo efecto que el texto original. Hay muchas clases de modulación.
Citemos algunos ejemplos:

| -De específico a general | - Court of Last Appeal | -Tribunal Supremo. |
| - De general a específico | - Meeting his contract | - Cumplir su contrato. |
| - De una parte | - to wash one's | - Lavarse la |

| | | |
|---|---|---|
| al todo | hair | cabeza. |
| - Del todo a una parte | - He shut the door in my face | - Me dió con la puerta en las narices. |
| - De una parte a otra parte | - Case heard and concluded | - Caso oído y resuelto. |
| - De concreto a abstracto | - Life sentence | - Sentencia de pena de muerte. |
| - De abstracto a concreto | - Light railway | - Ferrocarril de vía estrecha. |
| - De positivo a negativo | - Raw products | - Productos no elaborados. |
| - De negativo a positivo. | - Plea of not guilty | - Declaracion de inocencia. |
| - De una metáfora a otra diferente | - They foil slow-footed after prices | - Van a la zaga de los precios. |
| - De un modismo a otro diferente | - By no stretch of imagination | - Ni por lo más remoto. |

*[handwritten notes in margin: "1", "2"; beside "after prices": "parte posterior"]*

En resumen, la modulación supone expresar una idea a través de un cambio de punto de vista, imagen o metáfora en la otra lengua.

Hay otras técnicas que tienen que ver con el significado y las diferencias léxico-semánticas entre ambas lenguas, técnicas que podrían incluirse dentro del término general de modulación. Citemos:

- **Explicitación:** Explicar una información que va implícita en la lengua original, para que pueda comprenderse el mensaje en su totalidad: He shook his head = movió la cabeza negativamente
- **Implicitación:** No traducir algún elemento porque puede comprenderse por el contexto: Marble-topped tables = mesas de mármol.

## Omisiones e inserciones

El traductor, en su constante toma de decisiones, debe omitir o introducir palabras o frases sin alterar ∝ el significado del texto original. Ello se debe al hecho de que poseen estructuras diferentes y normas de uso también diferentes. Podríamos denominar dichas estrategias como omisión y adición. Es más frecuente omitir palabras cuando se traduce de español a inglés, y añadir cuando se traduce de inglés a español. Hay estudios que revelan que, generalmente, un texto en español ocupa más espacio que el texto en inglés. Veamos algunos ejemplos:

- Fue golpeado hasta caerse muerte = He was beaten to death.
- La desorganización que padecen = their lack of organization.
- Proyectos económicos que sirvan para estimular = Economic plans to stimulate.

- Tear Gas for demonstrators = Manifestantes dispersados con gases lacrimógenos.
- The security operation against anti-apartheid = La operación de seguridad que se realizó en contra de los grupos que se oponen al apartheid.
- Beat ... until frothy = Bata hasta que tenga espuma.

**Adaptación**

La técnica de la adaptación consiste en buscar un equivalente en la lengua término para una expresión o un vocablo de la lengua origen porque una traducción literal supondría un cambio de significado o podría resultar incomprensible. El traductor debe, en ese caso, adaptar su traducción para comunicar el mensaje del autor original. Por ejemplo: "A cat has nine lives" = Los gatos tienen siete vidas. O al traducir del español al inglés la oración: "el torero rubio que hablaba andaluz con acento inglés". Para un lector inglés el andaluz no es ninguna lengua o, probablemente, no sepa que se trata de un acento específico de las gentes del sur de España. Por ello el traductor debe hacer específico ese hecho y transmitir esa información.

Una posible solución sería: "The blond bullfighter spoke the Spanish of Andalusia with an English accent".

## Transposición

Es un hecho evidente que las estructuras gramaticales de las lenguas no coinciden, y por ello no siempre es posible llevar a cabo una traducción literal. Hay que cambiar el orden de las palabras, utilizar diferentes partes del discurso, cambiar a otras estructuras, etc. Este proceso se conoce como *transposición* y consiste en reemplazar una parte del discurso por otra, sin cambiar el significado del mensaje. Y el traductor debe efectuar transposiciones o cambios de funciones a fin de conseguir un lenguaje que sea comprensible y aceptable para los lectores de la lengua término.

Los cambios pueden ocurrir a varios niveles, a nivel de la palabra, de la estructura de una unidad, de su función sintáctica, etc. Son muchos los tipos de transposiciones que podríamos señalar:

- De grupo nominal a grupo verbal:
No smoking = Se prohibe fumar.
- De grupo nominal a cláusula subordinada:
I mistook their explanation = Confundí lo que decían.
- De grupo adjetival a grupo nominal:
Quick as he was = A pesar de su rapidez.
- Grupo preposicional a cláusula relativa:

A shot from the house = Un disparo que venía de la casa.

- Grupo preposicional a claúsula verbal:
Fill in this form for a grant = Rellene esta solicitud para pedir una beca.

- Verbos preposicionales a su equivalente léxico:
To go into house = Entrar en casa,
To grow into a woman = Hacerse mujer,
The car sped along the road = El coche iba a gran velocidad por la carretera.

Hay, pues, una gran variedad de cambios estructurales y no siempre se dan de un modo aislado. Al igual que hay otras técnicas que ocurren al mismo tiempo y es difícil delimitar las fronteras entre ellas.

## Compensación

El traductor debe tener siempre una visión de conjunto del texto con el que está trabajando de modo que puede compensar en una parte del texto aquello que tuvo que cambiar o eliminar en otro lugar. Dicha estrategia se conoce como compensación. No es fácil hallarla reflejada en un texto con claridad y sin que haya otras técnicas que se puedan apreciar; en principio porque no hay dos lenguas idénticas y en segundo lugar porque el modo propio de expresarse del traductor puede llevar a ciertos cambios a la hora de vertir un texto a otra lengua diferente de la original. Digamos, pues, que habría que tener en cuentra tanto razones léxicas o sintácticas como pragmáticas o estilísticas. Newmark (1988:69) señala:

> Compensation, when loss of meaning or sound-effect or metaphor or pragmatic effect in one part of a sentence is compensated in another part or a contiguous sentence.

Vázquez Ayora (1977:383)[xv] justifica dicha técnica por dos motivos: la dificultad de encontrar un equivalente adecuado ("syntactic equivalent") y la inevitable pérdida de contenido o matiz que una traducción presupone. Por ejemplo: "...who had slipped up behind me" = "...que de pronto se encontró detrás de él". Como podemos ver el significado central de "to slip" en este contexto no existe en español, pero es compensado al añadirle otros matices periféricos de "to slip". El matiz de lograr algo que se halla implícito en "to slip up" se ve expresado por "se encontró" y la idea de proceso sugerida por "to slip" se halla implícita en la expresión completa "de pronto se encontró".

Otro ejemplo en el que se evidencia la necesidad de utilizar esta técnica, no ya por cuestiones léxicas, sintácticas o estilísticas, sino por cuestiones culturales y situacionales, es el

siguiente: "We had a bottle of wine", que habría
que trasladarlo al español como: "Nos bebimos
toda una botella de vino" (o "una botella entera").

Es decir, sería necesario añadir algunos
elementos que recojan el significado completo del
texto inglés, en cuya cultura beber vino es menos
frecuente que en la cultura española.

### Recomposición. Paráfrasis

La frase: " The more important the language of a
text, the more closely it should be translated"
(Newmark 1991:4), llama la atención sobre el
debatido tema de la adecuación y aceptabilidad del
texto traducido: Adecuación y aceptabilidad, ¿a
qué?; ¿Quiere ello decir adecuación al texto
original y aceptabilidad en el sistema de la lengua
término, como Toury (1980)[xvi] establecía?. Las
posturas se hallan divididas entre aquellos que
buscan la fidelidad al texto original ("source text ",
de ahí "sourcerers" (Newmark, 1991:4), y aquellos
que centran su interés en el texto traducido ("target
text", de ahí "targeteers"). Un ejemplo ilustrativo
dado por este autor[xvii], es el siguiente: "A targeteer
translates 'Buck House' as 'Buckingham Palace', a
sourcerer as 'Buck House, as Buckinham Palace is
called by some trendies". Dicha discusión podría
servirnos para introducir otro procedimiento, la

paráfrasis o recomposición. Al igual que con las otras estrategias mencionadas, se puede dar en diferentes niveles y no es fácil poder apreciarla aisladamente.

Si atendemos al aspecto gramatical, hay que señalar la diferencia que existe entre ambas languas en cuanto a su forma de expresión: el español prefiere oraciones más largas y complicadas, mientras que el inglés prefiere oraciones más cortas y simples. De ahí deriva que, para lograr una traducción más aceptable en inglés, las oraciones largas del español tienden a dividirse en dos o más oraciones más cortas en inglés. Por ejemplo, "se topó con el ladrón, el cual le ordenó que abriera la caja fuerte", podríamos traducirla utilizando dos oraciones coordinadas: "he was confronted by the masked intruder and ordered to open the safe"; o bien, "Es un hecho- cuyas causas son complejas-." = "It is a fact- and the reasons for it are complex".

A veces resulta útil dividir las oraciones en segmentos más pequeños que tengan significado y, a continuación, decidir el orden que van a ocupar en la traducción. Por ejemplo: "En un clima de tensión que se agrava cada minuto viven los 18.000 habitantes de la población de Nacozari, Sonora, al cumplire hoy ocho días de paro en la mina de cobre La Caridad, segunda de Latinoamérica"[xviii]. La oración podría dividirse en los siguientes segmentos:

'En un clima de tensión que se agrava cada minuto (2)
viven los 18.000 habitantes de la población de Nacozari, Sonora (1)
al cumplirse hoy ocho días de paro (3)
en la mina de cobre La Caridad, segunda de Latinoamérica (4)".

La respuesta a las preguntas: ¿quién?, ¿cómo?, ¿cuándo?, ¿dónde?, indicada con un número a la derecha, ayudan a comprender el texto y a decidir el orden en inglés. El siguiente paso será dividir cada segmento en unidades más pequeñas:

| En | un | clima | de | tensión | que se | cada agrava minuto |
|---|---|---|---|---|---|---|
| 1 | 2 | 3 | | 4  5 | 6 | 7 |

| In | an | atmos- phere | of | steadily | moun- ting | tensio n |
|---|---|---|---|---|---|---|
| 1 | 2 | 3 | | 4  7 | 6 | 5 |

De este modo los cambios que se realizan para trasladar dicho segmento pueden verse fácilmente, sin que por ello se vea afectado su significado.

La reformulación de oraciones puede deberse también a causas estilísticas y, en este caso, nos acercaríamos más a la definición que de paráfrasis da Newmark (1991:3):

Paraphrase, the loosest translation procedure, which simple irons out the difficulties in any passage by generalising: "por razón de la sinrazón de un puyazo en el morrillo ('owing to the injustice of a blow to the back of a bull's neck' as 'why the picador has to do that to the bull's neck').

En 1981 (Newmark 1988:69) ya consideraba a tal técnica como: "an amplification or free rendering of the meaning of a sentence: the translator's last resort". Vázquez Ayora (1977:80) la considera como una explicación o comentario, "una vuelta a reescribir el original, confluyendo gran cantidad de cambios en los diferentes niveles y al mismo tiempo", y Toury (1980:74) considera que la parafrasis "includes a considerate element of expansion of the original unit(s) and genuine addition are not always clear-out".

No es, pues, una verdadera traducción, sino una recreación en unos casos o una adaptación en otros. Si situamos todo lo dicho dentro del contexto de la traducción literaria, como los autores arriba mencionados, resulta una técnica a evitar. Sin embargo puede ser útil en otros tipos de traducción ya que puede servir para ejercitar al alumno en la producción de diferentes textos basados en un mismo original. Habrá ocasiones en las que tendrá que realizar tal labor a tenor del solicitante o destinatario de la traducción.

Dentro del aspecto estilístico, otro punto interesante a considerar es la traducción de las metáforas, aspecto al que dedicaremos más atención en el capítulo 4. Existen además otras estrategias de traducción que ayudan al futuro traductor a analizar los procedimientos por los *cambio* cuales se lleva a cabo el trasvase de información de una lengua a otra. Podríamos mencionar, sin entrar en más detalles, la equivalencia cultural, generalización versus particularización, variación de clase de oración, supresión de tema comprometido, supresión de relato marginal, cambios debidos a diferencias socio-culturales, variación de tono, variación en la estructura interna del original, moderación de expresiones, conservación de caracteres temporales y locales del texto original, reducción, expansión creativa, tratamiento de los nombres propios, conservación de estructuras propias del texto original, elaboración versus simplificación o diferencias en el tratamiento de las figuras literarias.

## Modelos de traducción. Tipos de texto

Diferentes tipos de textos plantean diferentes dificultades y requieren soluciones también diferentes. Tradicionalmente se hace la distinción entre traducción de textos literarios (traducción literaria) o traducción de textos técnico-científicos (Traducción técnica) en la que se incluyen diferentes tipos de texto que pueden ir desde textos puramente técnicos o científicos a textos jurídicos, informativos, políticos, comerciales, etc. Podríamos hablar de un modo más general de traducción con fines específicos, aunque, dentro de su campo, podríamos establecer una nueva subdivisión para lo que se da en llamar "traducción subordinada" (comics, canciones, subtitulado o doblaje de películas, publicidad o humor, como los más significativos, aspectos que no vamos a tratar ahora porque escapan al objetivo trazado). _ indicado

### Traducción de textos literarios

Dentro de la traducción literaria cabría considerar dos grupos:

a) Traducción literaria propiamente dicha, que abarcaría la traducción de novelas, poesía o teatro.

b) Traducción de textos como artículos de periodismo, correspondencia, noticias de las agencias de información, discursos, resúmenes de actividades, etc., es decir, "day to day texts" (Havranek, 1964:88)[xix], traducidos generalmente por traductores independientes, no siempre profesionales. La traducción literaria plantea problemas concretos debido a la forma y al contenido del mensaje, así como a las diferencias culturales que pueda existir entre los lectores de la lengua origen y la lengua término. Es importante, por ello, tener en cuenta la función de los dos textos, su destinatario, la relación entre las culturas de los dos pueblos, su condición moral, intelectual y afectiva así como los factores de tiempo y lugar que puedan afectar al texto (Cary,1986:85)[xx].

El traductor, al acercarse a un texto literario, primero es lector y después traductor. Primero, lee-interpreta en la lengua origen y luego, a través de un largo proceso de codificación traduce el texto a la lengua término. Debe llevar a cabo una interpretación correcta del texto, pero en esa interpretación van a influir factores ajenos al material lingüístico de que dispone- su formación, tipo de lectores a los que va dirigido, tiempo de que dispone, diferencias culturales y sociales e incluso el dinero que va a percibir por ello. Es interesante reseñar en este punto que uno de los avances más importantes de nuestro siglo en lo que se refiere a

los estudios literarios es la consideración del lector
y la influencia que tiene en el producto final. Susan
Bassnett-McGuire (1980:80)[xxi] puntualiza: "La
traducción interlingüística refleja la propia
interpretación creativa del traductor del texto, y por
consiguiente la reproducción de la forma, la
métrica, el ritmo, el tono, el registro, etc. de la
lengua fuente estará determinada tanto por el
sistema de esta lengua como por el de la lengua
término". Cada traductor producirá, pues, una
versión diferente de un mismo texto literario,
primero porque su lenguaje es connotativo y el
significado no se hace evidente del mismo modo a
todos sus lectores puesto que no se trata de una
simple operación lingüística, y segundo porque
cada traductor puede llevar a cabo una lectura
diferente, si bien parecida, del texto.

La cuestión esencial en la traducción literaria
entre literalidad y libertad, fidelidad y belleza es
difícil de contestar y no hay normas universales
comúnmente aceptadas. Realmente no hay
contradicción entre fidelidad y belleza puesto que
el traductor literario tiene que ser lo más fiel
posible al texto original e intentar reproducir el
estilo del texto original. Pero no puede tampoco
olvidar el contexto en el que se produjo y en el que
él está produciendo ahora su texto. Por otro lado, al
igual que ocurre en literatura, hay diferentes modas

o tendencias que afectan al debate de la fidelidad del texto traducido.

Dependiendo de la respuesta que demos sobre qué entendemos por fidelidad (fidelidad al texto traducido, al texto original, al estilo del autor, al lector del texto traducido, a la época en la que se produjo, a la cultura a la que se traduce, etc.), el texto puede encontrar una justificación diferente. No queremos con ello decir que cualquier texto, aunque no recoja el contenido del original, puede considerarse como una buena traducción; no, el contenido y la forma deben ser respetados en la medida de lo posible, pero es indudable que habrá diferentes grados de aproximación. Nunca hubo, ni probablemante las habrá dos traducciones iguales de un mismo texto, producidas por dos autores diferentes, y ni siquiera por el mismo traductor en épocas diferentes.

El traductor literario debe estar constantemente tomando decisiones a fin de encontrar las formas paralelas del texto de la lengua fuente en la lengua término, debe prestar tanto atención a los elementos lingüísticos como a los estilísticos, pero las lenguas poseen un amplio abanico de posibilidades para expresar un mismo concepto o reflejar una misma situación.

El traductor deberá permanecer atento a los niveles del lenguaje o a la reproducción de las figuras literarias, en el grado y frecuencia que requiera la lengua término en comparación con la lengua original y respetando el estilo del autor. En 1931, Hilaire Belloc[xxii] resumía ya algunas de las dificultades:

1.- No hay que traducir la obra palabra por palabra, literalmente; hay que ver la obra en su conjunto y traducir por secciones;

2.- los modismos deben reproducirse, en lo posible, con otro modismo equivalente de la lengua término, y lo mismo hay que hacer con los tiempos verbales, que deben traducirse con el correspondiente del nuevo sistema de la lengua;

3.- el traductor debe tener en cuenta la intención del autor con el fin de reproducirla lo más exactamente posible, introduciendo cambios, añadiendo o restando elementos para ajustarla a la nueva lengua;

4.- el traductor debe prestar atención a aquellas palabras o estructuras que parecen tener un equivalente en ambas lenguas, pero cuyos significados son diferentes ("falsos amigos");

5.- el traductor no debe tratar de perfeccionar el texto original.

Hay cuestiones que no se consideran en estas apreciaciones globables (el lector al que va dirigido, la adaptación del texto a la época en la que se traduce, el momento en el que se traduce una determinada obra, por qué se traducen determinados autores y obras, etc.), lo cual demuestra los avances en los estudios de traducción, pero aún así, las apreciaciones de Belloc constituyen una buena introducción sobre los aspectos a cubrir por el traductor.

### Textos técnico-científicos

Entre la traducción literaria y la traducción técnica y científica existen bastantes diferencias y, por lo tanto, el planteamiento a la hora de traducir debe también ser diferente. A primera vista, los textos de carácter técnico o científico parecen ininteligibles para el lector que no conoce la terminología específica de la materia. Pero una vez que se supera esa barrera, suele aceptarse que la traducción técnica es más fácil que la literaria porque el lenguaje técnico carece de connotaciones. No obstante, el traductor debe comprender perfectamente el texto original y estar seguro de que no le ofrecen problemas los detalles antes de empezar a traducir

El término "traducción técnica", en un sentido amplio y como ya hemos apuntado anteriormente, además de la traducción científica abarca también la jurídica o filosófica, los textos de divulgación científica y técnica de carácter periodístico o en libros, los manuales de funcionamiento, proyectos de instalaciones industriales, de ingeniería, arquitectura, medicina, informática, etc..

Dicho término abarca también la traducción institucional, referida al campo de la política, del comercio, de las finanzas, del gobierno, etc. y que tiene también algunas características propias (Newmark 1991:36)[xxiii], por lo cual suele resultar conveniente considerarla como un grupo aparte.

Son textos referidos a asuntos institucionales, académicos y culturales que, con frecuencia, afectan a instituciones internacionales y cuya traducción suele llevarse a cabo por personal especializado que trabaja en dichos organismos, como por ejemplo, los traductores e intérpretes que trabajan para el Mercado Común Europeo, cuya labor es traducir todas las decisiones o legislación concerniente a la Comunidad a todas las lenguas que se hablan en dichos paises, al igual que ocurre en la Organización de las Naciones Unidas (ONU).

En cuanto a las traducciones específicamente técnicas, son traducciones que no siempre se realizan por traductores profesionales, sino que, a veces, son los propios técnicos los que las llevan a cabo, traduciendo con exactitud las palabras propiamente técnicas, pero no siempre usando la estructura adecuada. Otras veces, su traducción se encarga a oficinas o agencias de traducción que no

*Conveniente*

siempre cuentan con el traductor idóneo en el momento oportuno, o que carecen del material o asesoramiento técnico necesario. Para este tipo de textos el traductor debe tener muy en cuenta el desarrollo tecnológico ya que en ellos se usa una terminología específica, que aunque sólo ocupe el cinco o diez por ciento del texto, su correcta interpretación es necesaria. El traductor debe, por ello, disponer de un corpus interesante de diccionarios y glosarios de términos que día a día van apareciendo.

Al traductor de textos específicos se le exige, pues, rigor, exactitud y estar informado sobre la materia que va a traducir. Debe conocer el significado exacto de los términos claves, según el campo de especialización y recurrir a los diccionarios especializados cuando no se conozca con seguridad un término.

Por otro lado, es evidente, que existen diferentes niveles del lenguaje técnico:

1.- Académico: incluye las palabras transferidas del latín y el griego, asociadas con estudios académicos.

2.- Profesional: términos formales usados por los expertos.

3.- Popular: vocabulario utilizado por el profano, que puede incluir términos alternativos.

Sin embargo, éstas son categorías generales que no siempre se corresponden con la realidad. En algunos sectores podemos encontrar una terminología regional, o utilizar el nombre de marcas como si se tratase de productos (p.e. Scheweppes por "agua tónica", BIC por "bolígrafo", DODOTIS por "pañales", DANONE por "yogurt"...) que el traductor debe conocer, además de manejar los diccionarios. El traductor debe ser un auténtico especialista en el campo al que se dedica para enfrentarse a textos altamente especializados.

Lo primero que hay que hacer al acercarse a un texto técnico es subrayar las palabras difíciles y luego juzgar su naturaleza, su grado de formalidad, su intención, y las posibles diferencias culturales y profesionales entre el lector y el TO. Es necesario que la traducción se ajuste al estilo que requiera el destinatario y que se traduzca todo, incluida la letra pequeña, y cambiando el título si es necesario, puesto que al ser textos no-literarios se requiere normalmente un título descriptivo que recoja el tema y aclare el propósito, lo cual suele ocurrir con los textos científicos, pero no siempre se describe el propósito o la intención del proceso, por lo que el traductor tiene que conocer exactamente lo que implica. Es posible que, por ejemplo, se encuentre con títulos que son demasiado largos y hay que reducirlos, sin que se pierda el sentido.

Otros problemas que podemos encontrar en un texto técnico son:

1.- Palabras desconocidas, aparentemente transparentes, con morfemas griego o latinos que el traductor tiene que comprobar para no reproducir neologismos.

2.- Cifras y símbolos, cuya equivalencia y orden hay que cotejar en la lengua término. *comparar*

3.- Palabras semivacías y conectores, como "according to", "with reference to", "on the other hand", etc. que hay que saber interpretar adecuadamente y no abusar de su uso.

4.- Verbos que requieren normalmente una transformación para que resulte un lenguaje natural. De un modo más concreto, Newmark (1991:37) comenta:

> The particular difficulties of sci-tech translators lie in the SL neologism; the lack of an appropriate technical term in the TL, forcing the translator to use a descriptive term in its place; the labyrinth of semi-synonymous technical terms, some archaic, some written, some spoken, some regional, some Americanised, some familiar alternatives, some lay, some professional, some academic, some rarely used, some often used in another sense, in another technology, some just redundant; flowers, insects,

thighs, splines, diseases _ they all have a mass of alternative terms, and the translator may have to sort them out.

Todo ello nos indica que podemos encontrar al menos cuatro niveles diferentes dentro del lenguaje técnico; niveles que van desde el término científico, al utilizado en publicidad y ventas, pasando por el que utilizan los técnicos en la materia y el que utiliza el público en general.

Una vez identificados y resueltos estos problemas se puede empezar a traducir oración por oración, haciendo los cambios sintácticos necesarios y evitando repetir construcciones pesadas como, por ejemplo en el caso del español, el uso de gerundio o los adverbios terminados en - mente. Hay que tener en cuenta que en los textos técnicos predominan las frases cortas y claras, con un vocabulario muy preciso. De ahí que en su traducción se permita cortar frases largas y complicadas, cambiar el orden de las cláusulas, convertir nombres en verbos u otros cambios de categorías gramaticales, así como adaptar el título en los textos de carácter informativo o vocativo principalmente.

Desde el punto de vista léxico, la principal característica del lenguaje técnico es su riqueza y potencial infinito, así como la gran rapidez con que aparecen y desaparecen nuevos términos que con frecuencia se copian del inglés, sin realizar el mínimo esfuerzo por traducirlos o por buscar una adaptación correcta capaz de elevarlos a la categoría de préstamos, en lugar de usar extranjerismos que empobrecen la lengua. El traductor debe disponer de diccionarios adecuados, como ya hemos comentado anteriormente, que le ayuden en su labor. Existe gran variedad de ellos de acuerdo con el campo específico sobre el que se trate. A los ya mencionados podríamos añadir el *Dictionary of Environmental Engineering and Related Sciences* de José T. Villate (Miami: Ediciones Universales); o *Informática. Glosario de términos y siglas. Diccionario Inglés-Español, Español-Inglés* de Antonio Vaquero Sánchez y Luis Joyanes Aguilar (Madrid: McGraw-Hill, 1985); o el *Diccionario naval* de Luis Leal y Leal (Madrid: Editorial Naval, Ministerio de Marina, 1980); o el *Diccionario médico* de José M. Mascaró y Porcar (2ª ed., Barcelona: Salvat, 1974); o el *Diccionario para ingenieros* de Louis A. Robb (México: Editorial Continental, 1983), como ejemplos de diccionarios más específicos editados en ambos lados del Atlántico.

En cuanto al estilo, existe la creencia de que en la traducción técnica es una cuestión secundaria. Es cierto que, como afirma Maillot (1978:98)[xxiv], con la traducción técnica no se trata de realizar un ejercicio literario, pero como cualquier actividad escrita requerirá y planteará problemas y no se puede tomar como una excusa para legitimar el uso incorrecto de la lengua.

En la traducción técnica suele optarse, con más frecuencia que en la traducción literaria, por la traducción literal y en muchos casos el desconocimiento de las lenguas en contacto y del lenguaje técnico del texto llevan a producir textos plagados de tecnicismos absurdos y de copias de las estructuras inglesas que hacen difícil su comprensión. Son varias las llamadas de atención lanzadas por prestigiosos especialistas en contra de los efectos perniciosos que tiene para el español el calco indiscriminado y las interferencias lingüísticas. Citemos los trabajos de Emilio Lorenzo, Rafael Lapesa, Manuel Tovar, García Yebra o Martín Municio[xxv], en defensa del español.

Las interferencias sintácticas son quizá las más peligrosas para nuestro idioma, aunque también se suele copiar gran cantidad de material léxico ya sea por desconocimiento, por falta de materiales de consulta o por simple comodidad. Entre las interferencias lingüística más usuales conviene señalar las siguientes:

- Abuso de la voz pasiva.
- Uso indebido del gerundio.

- Impropiedades en el uso de algunos tiempos verbales y los verbos modales. Es frecuente el empleo del imperfecto cuando en realidad se debería utilizar el indefinido ("perfective form")[xxvi], salvo que se quiera resaltar el aspecto durativo que tiene el imperfecto. O el uso del verbo CAN en los textos informáticos ingleses, traducido literalmente como PODER, sin que tenga el mismo valor capacitatorio en una lengua y otra, resultando redundante en el español.

- Ruptura sintáctica y ordenación inadecuada de las palabras.

- Mal uso de las preposiciones. Según García Yebra[xxvii], el uso adecuado de las preposiciones es una de las prácticas más difíciles de una lengua. El traductor deberá poseer un buen conocimiento de ambas lenguas para evitar las constantes interferencias.

- Concisión excesiva. Es habitual que siendo el inglés una lengua sintética y el español una lengua analítica, aquél se muestre más conciso, por lo que será necesario en múltiples ocasiones reforzar una palabra para aclarar la idea expresada en la lengua origen o porque la nueva situación comunicativa necesita alguna ampliación para mayor claridad. Puede recurrirse también a otras técnicas, p. e., modulación, para conseguir un mayor atractivo comercial y concisión sin olvidar que cada lengua estructura y organiza la realidad de manera distinta y ésto determina los componentes utilizados que son específicos de cada una.

## Textos comerciales

Los textos comerciales presentan unas características similares a las descritas anteriormente al hablar de la traducción con fines específicos, de ahí que lo expuesto en el apartado anterior sirva en su traducción. Son textos que se hallan presentes en la actividad diaria y que guardan una estrecha relación con los avances tecnológicos, el mundo de los negocios y la publicidad. Son textos cuya traducción se lleva a cabo con frecuencia por traductores ocasionales y su demanda se halla, en muchas ocasiones, en relación directa con el posible mercado de ventas.

El lector de este tipo de textos se halla más interesado en la información que en descubrir la habilidad del traductor para traer a la nueva lengua un texto producido en otra lengua. Suele ocurrir a menudo que la traducción es solicitada por personas que no saben otro idioma que el suyo propio y que desean conocer el contenido de determinado texto escrito en otra lengua o transferirlo a su lengua, de ahí que el traductor no pueda esperar ninguna ayuda en su labor si detecta algún problema de vocabulario o de terminología. Queremos con ello decir que el traductor deberá informarse por su cuenta ya que la traducción que él entregue será aceptada como válida sin que la entidad o persona que realizó el encargo pueda mejorarla o comentar sobre su calidad. El traductor debe ser consciente de ello para evitar esas traducciones irrisorias, que con más frecuencia de la deseada, encontramos en folletos de viaje, cartas comerciales, certificados o manuales de instrucciones.

Hay otras consideraciones que pueden afectar a la labor del traductor. Pensemos en un determinado aparato, o en un nuevo modelo que la empresa productora desea comercializar en otros paises. Los futuros compradores necesitarán saber las características del nuevo producto, las instrucciones de uso o sus ventajas con respecto a otros productos similares. Evidentemente hará falta una traducción de todo ello, pero además el traductor, al realizar su labor, deberá tener siempre presente al destinario, lo cual puede influir en la toma de decisiones de cara a hacer el producto más atractivo.

Newmark (1991:36) incluye la traducción de textos comerciales dentro del grupo de textos sobre temas institucionales y culturales (cultura y ciencias sociales, cuya traducción se halla ligada con frecuencia a instituciones u organizaciones internacionales). Y comenta con acierto:

> The particular difficulty of institucional-cultural texts lies in relating the various terms that have no linguistic and/or referential equivalents in the TLxxviii culture to the readership and the setting of the TL text; the various criteria and procedures have to be related to each other before they are translated.

El traductor puede servirse de instrumentos de ayuda tales como el *Diccionario inglés-español de finanzas y contabilidad* de Antonio Bermúdez Paredes (Madrid: Ornigraf, 1977); o el *Diccionario de términos contables inglés-español* de Joaquín Blanes Prieto (14th ed., México: Compañia Editorial Continental, 1984), así como el *Diccionario de términos comerciales* de P. Prat Gaballi (Barcelona: Editorial Hispano Europea, 1963) entre otros.

## Textos jurídicos

La traducción e interpretación legal presenta unos problemas específicos. El lenguaje legal ("legalese") es diferente del lenguaje estandar y existen también diferencias entre el lenguaje oral y el lenguaje escrito.

Los sistemas jurídicos de los diferentes paises no siempren coinciden, ni siquiera entre los diferentes paises de habla hispana, lo cual hace más difícil su labor. Son textos de una gran concisión que requieren un buen conocimiento de la terminología y fidelidad a la forma del texto original. Cada palabra o cada frase está ahí con un propósito y el traductor no puede cambiarla porque cree que otro modo de expresión se adecuaría más a su estilo o al receptor del mensaje; ni interpretarla de acuerdo con lo que su cliente quiere saber. No puede cambiar un término o una frase en un texto porque crea que suena mejor sino repite en cada linea "el día de los hechos", por ejemplo. Son textos llenos de frases hechas ("stock phrases") cuya traducción puede convertirse en rutinaria cuando se tiene una buena preparación, reforzada por una extensa práctica y el conocimiento de dicha terminología, y de los sistemas jurídicos de los paises en contacto, puesto que hay ocasiones en los que determinados conceptos conllevan diferentes connotaciones o simplemente no se contemplan en sus Códigos correspondientes, como puede ser "pareja de hecho", diferente de "pareja de derecho", y cuyos miembros no tienen los mismos derechos legales en los diferentes paises de habla hispana, y ni siquiera en los propios estados de Estados Unidos.

La traducción e interpretación legal está cobrando día a día más interés en Estados Unidos ante la gran cantidad de población de habla hispana que vive entre sus fronteras- es la segunda lengua, después del inglés, en número de hablantes. La necesidad de disponer de determinados documentos en español, sobretodo en aquellos estados donde hay un alto porcentaje de población hispana y los problemas legales que surgen, acrecentados por el hecho de que muchos de ellos desconocen el sistema judicial americano, hace que el gobierno o determinadas instituciones soliciten la traducción de documentos de este tipo.

La Constitución de los Estados Unidos (en sus Enmiendas V, VI y XIV) garantiza el derecho de cualquier individuo a disponer de un intérprete cuando su lengua sea distinta al inglés. Dicho derecho se ve reforzado por el Acta de Intérpretes Judiciales ("Court Interpreters Act") aprobada en 1978. En ella se establece el derecho a disponer de servicios de interpretación en todos los casos civiles y criminales que tengan lugar en los tribunales federales de EE UU. La demanda de intérpretes legales, los cuales desarrollan también la función de traductores, es creciente. De hecho, aproximadamente el 95% de los intérpretes legales que prestan sus servicios en los tribunales federales son intérpretes de español.

Los estados de California y Nuevo Méjico son los únicos que garantizan los servicios de interpretación en sus constituciones, pero cada vez más estados reconocen la importancia y la necesidad de disponer de personal cualificado para esta tarea con el fin de garantizan los derechos individuales de los ciudadanos. Los cursos de preparación, así como el interés de diferentes universidades por contar con masters de interpretación legal hacen preveer un futuro alentador para estos profesionales, cuya preparación exige un entrenamiento intensivo y la práctica constante.

No queremos con ello decir que sólo los profesionales de este campo puedan servir de traductores de textos legales; hay textos que, sin duda alguna, ofrecen menor dificultad y exigen menos preparación que otros, los cuales podrían ser traducidos con ayuda de buenos diccionarios y tras estar familiarizados con dicha terminología y modo de expresión. Pero es evidente que se requiere gran profesionalidad por tratarse de un área muy concreta donde una mala interpretación puede tener consecuencias fatales.

El objetivo de este libro pretende servir de introducción a la práctica de la traducción en sus diferentes aspectos, de ahí que incluyamos esta sección como un ejercicio preparatorio de cara a los problemas que el alumno puede encontrarse y antes de que acepte un trabajo cuya dificultad sobrepasa los límites de sus conocimientos en materia legal, tanto en su lengua materna como en la segunda lengua. Puede servir asímismo de introducción a un curso de interpretación legal con el fin de establecer las expectativas y conocimientos que caben esperar, y puede, igualmente, evitarse sino coincide con los intereses del alumno.

Resulta sumamente útil disponer de diccionarios adecuados que ayuden y agilicen la labor del traductor. Lo diccionarios monolingües, como ya recomendábamos anteriormente, son imprescindibles. Podríamos mencionar, para inglés, el ya clásico *Black's Law Dictionary* de Henry Campbell Black (6th edt. St. Paul, Minnesota: West Publishing Co., 1990), o uno más asequible como el *Legal Terminology Handbook* de David. K. Garrett (Eau Claire, Wisconsin: Professional Educational Systems, 1986). Para español, el *Diccionario de derecho* de Rafael de Pina y Rafael de Pina Vara (15 th. ed., México: Editorial Porrúa, 1988). Y como un ejemplo de diccionario que no ha sido publicado en Latinoamerica y que hace más hincapié en el español peninsular el *Diccionario de términos jurídicos* de Ignacio Rivera García

(Oxford, New Hampshire: Equity Publishing, Co., 1985).

En cuanto a los diccionarios bilingües, su publicación es cada vez más abundante. Mencionemos el diccionario de Virginia Benmaman, Norma Connolly y Scott Loos, *Bilingual Dictionary of Criminal Justice Terms (English/Spanish)* (New York: Gould, 1991) o *The Interpreter's Companion* de Holly Mikkelson (Spreckles, Ca: Acebo, 1991). Son igualmente útiles el *Diccionario de derecho, economía y política* de Lacasa Navarro y Díaz Bustamente (2ª ed., Madrid: EDERSA, 1986) o *Spanish-English Legal Terminology* de George N. Vanson y Marilyn Frankenthaler (Cincinnati: South-Western Publishing Co., 1982), entre otros.

Pueden resultar igualmente útiles diccionarios de regionalismos, modismos o slang puesto que, a veces, sobre todo en la interpretación llevada a cabo ante un tribunal, se trata de cartas o documentos producidos por gente cuyo nivel cultural es muy bajo y su modo de expresión sumamente coloquial. Citemos como ejemplo el *Diccionario de Español Chicano* de Roberto A. Galván y Richard V. Teschner (Lincolnwood, Illinois: National Textbook Company, 1991); o el *Diccionario de cubanismos más usuales* de José Sánchez-Boudy (Miami: Ediciones Universal,

1990); o *Vocabulario portorriqueño* de Rubén del Rosario (Connecticut: Troutman Press, 1965). Son ejemplos de hablas locales que pueden pueden acompañar a los diccionario sobre slang y modismos citados anteriormente.

**Textos académicos**

Los documentos académicos que son objeto habitual de traducción (diplomas, expedientes académicos, homologaciones de títulos, boletines de calificaciones, etc..) son textos que comparten características con las certificaciones, las diligencias y los textos administrativos y cuya traducción debe llevarse a cabo en España por un traductor jurado, es decir, por un traductor que posee el certificado expedido por el Ministerio de Asuntos Exteriores, tras las pruebas pertinentes, que le autoriza a pasar a la otra lengua dicha información, dándole al texto el valor de un documento original.

La característica más destacada es, sin duda alguna, la precisión, por encima incluso de la claridad o el buen estilo. Se encuentran también gran cantidad de fórmulas y frases hechas, al igual que ocurre en los textos jurídicos, que plantean ciertas dificultades. Pero si éstas pueden solventarse con materiales adecuados, hay otra dificultad añadida: la falta de correspondencia entre los diferentes conceptos que se utilizan para la calificación de los alumnos debido a grandes diferencias entre los sistemas educativos y el funcionamiento de la administración[xxix].

La traducción jurada de documentos educativos exige, pues, el uso de determinados procedimientos debido a sus características propias. Se acepta, con frecuencia, que la traducción debe ser lo más literal posible, prestando especial atención al contenido. Ello no quiere decir que no haya que hacer uso de otras estrategias y más cuando una traducción literal supone una lectura incrompensible del texto en la otra lengua, por ejemplo, no podemos traducir "Bachelor of Arts" como *"Bachiller de Artes" porque no existe ese concepto en español.

Son varios los procedimientos que suelen utilizar cuando nos encontramos con conceptos inexistentes[xxx]:

- Definición: Bachelor of Arts = primer ciclo universitario de cuatro años de duración. Ofrece la ventaja de llevar a la perfecta comprensión del original.

- Préstamos léxico: Bachelor of Arts = Bachelor of Arts. Ofrece la ventaja de la referencia inequívoca al original.

- Adaptación: Bachelor of Arts = Licenciado en Filosofía y Letras. Ofrece la ventaja de dar una comprensión más rápida del original, aunque no siempre la más exacta.

- Combinación de procedimientos con sus respectivas ventajas: Bachelor of Arts = Bachelor of Arts (estudios de cuatro años de duración correspondientes al primer ciclo universitario). Cuando el problema no radica en la inexistencia de un concepto, sino en su falta de identidad- es decir, existe formas de calificación pero no coinciden-, hay que buscar la equivalencia y no se permite la traducción literal: High School = Instituto de Enseñanza Media; pero por otro lado, se recomienda la traducción literal. Veamos un ejemplo (Mayoral, 1992:47):

Se trata de una diligencia que acompaña a un diploma de estudios secundarios norteamericanos y que dice:

"...All to whom these presents shall come, Greeting: I Certify that the document hereunto annexed is under the seal of the Department of Education of the United States of America and that such seal is entitled to full faith and credit...".

Una traducción literal vendría a decirnos lo siguiente:

"...Saludo a todos aquello a quienes la presente pueda alcanzar y certifico que el documento anejo incluye el Sello del Departamento de Educaión de los Estados Unidos de América y que este Sello merece toda confianza y credibilidad...".

Y una traducción equivalente sería:

"...Visto bueno en este Departamento de Estado para legalizar el Sello del Departamento de Educación de los Estados Unidos de América por ser, al parecer, el suyo..."

Estas diferencias culturales llevan en muchas ocasiones a producir traducciones erróneas por llevar a cabo una traducción literal de determinados "falsos amigos" que aparecen con frecuencia. No es difícil pensar que:

College = *colegio
graduate = *graduado
Secretary = *secretario
faculty = *Facultad
School = *Escuela
Arts = *Arte
lecturer = *lector
etc..

Los nombres de las Universidades pueden mantenerse sin traducir, pero será necesario que las abreviaturas se especifiquen con el fin de conocer su significado, ya que probablemente al lector del texto traducido le será desconocido. Cuando no hay ninguna diferencia conceptual o de identidad, nos encontramos con documentos en los que la única variación está en los datos del interesado y de los que expiden el documento (pasaportes, carnets de identidad, etc.). El problema, sin embargo, se agrava cuando tenemos que traducir las calificaciones.

El sistema norteamericano de calificaciones es múltiple y podemos encontrar las siguientes escalas de forma simultánea:

- grade (calificación a base de la denominación, también utilizada en el sistema español)
- escala literal ( a la que normalmente se añaden los signos + y -, y que no se utiliza en español).
- grade point average (calificación numérica de 4 a 0, que tampoco tendría una correspondencia exacta, pero que cabría pensarse en la calificación de 10 a 0 que se siguen en España)
- porcentaje (escala de 100 a 0).
- unidades.(correspondientes a los créditos ganados con la asignatura).

Es posible también seguir un sistema en el que las únicas posibles calificaciones sean "pass" o "fail", hecho que puede darse también en el sistema español, pero en condiciones diferentes.

No hay, pues, correspondencia entre los sistemas de calificacioones, pero son varios los intentos que se han hecho para conseguir una cierta uniformidad. El Comité de Intercambio Cultural entre España y Estados Unidos de América elaboró la siguiente propuesta:

10- o sea, Sobresaliente/Matrícula de Honor = A
with Honors (tuition waived for the following year)
9-10   Sobresaliente = A
7-8    Notable = B
5-6    Aprobado = C
Apto = Pass (en Pass/Fail Basis)
Menos de 5  Suspenso = Fail
Convalidado = Credit transferred from another
college o school
No se otorga ninguna calificación = N.G. non
graded.

   Otro intento es el de la Secretaría General
Técnica del Ministerio de Educación y Ciencia
español, en su Orden del 7 de junio de 1989, por la
que pretende regular las tablas de equivalencias de
calificaciones para aquellos alumnos que cursen
estudios en el extranjero. La propuesta es:

| Estados Unidos | España |
|---|---|
| Escala literal | Mínimo aprobatorio: D |
| A | Sobresaliente = 9 |
| B | Notable = 7,5 |
| C | Bien = 6,5 |
| D | Suficiente = 5,5 |
| F | Muy deficiente = 2 |
| | |
| Escala de 0 a 4 | Mínimo aprobatorio: 0,6 |

| 4 a 3,6 | Sobresaliente = 9 |
|---|---|
| 3,5 a 2,6 | Notable = 7,5 |
| 2,5 a 1,6 | Bien = 6,5 |
| 1,5 a 0,6 | Suficiente = 5,5 |
| 0,5 a 0 | Muy deficiente = 2 |

| Escala centesimal | Mínimo (indicativo) aprobatorio; 65 |
|---|---|
| 100 a 92 | Sobresaliente = 9 |
| 91 a 83 | Notable = 7,5 |
| 82 a 74 | Bien = 6,5 |

73 a 65 ( o mínimo establecido) Suficiente
= 5,5
puntuación inferior a mínima aprobatoria = 2

En el caso de la enseñanza secundaria o media, puede establecerse la escala del siguiente modo, ya que existe una mayor correspondencia:
A= Sobresaliente,
B = Notable,
C = Bien,
D = Aprobado,
E = Insuficiente,
F = Muy deficiente.

Al igual que ocurre en otros casos de la interpretación jurada, la traducción no tiene por qué ser simple; puede ser- en muchas ocasiones es más conveniente- múltiple. Es decir, si por ejemplo tenemos que traducir en un expediente académico universitario la calificación C+:1) citaremos la calificación original (C+); 2) buscaremos el porcentaje que le corresponde (88-85; 3), y podemos añadir la calificación española que le correspondería, Notable. Así tenemos: C+ (88-85, Notable)[xxxi].

Antes de terminar esta apartado cabría reseñar lo difícil que resulta dar equivalencias exactas, y aún una vez dadas por el traductor, siguen existiendo las diferEncias culturales y de los sistemas educativos. No podemos dejar de comentar que mientras en EE UU el suspenso es muy raro y las calificaciones A y B son las más comunes, en España no es difícil ver suspensos y conseguir un aprobado es común, mientras que en EEUU se considera un fracaso. No es competencia del traductor el resolver tales hechos porque sería imposible, pero si nos puede servir para llamar al alumno la atención sobre la importancia de la cultura en la traducción.

# Notas

[i] García Yebra, A. 1982. *Teoría y práctica de la traducción.* Madrid: Gredos.
[ii] Katz, J. J. y Nagel, R. I. 1974. "Meaning postulates and semantic theory", en *Foundations of Language,* 11.
[iii] Ejemplos tomados de Mª Antonia Alvárez Calleja, *Estudios de Traducción: inglés-español.* Madrid:UNED, 1991, p. 67.
[iv] Fente Gómez, *Estilística del verbo en inglés y en español.* Madrid: Sociedad General Española de Librería, 1971.
[v] Alvarez Calleja, Mª Antonia, ob. cit. p. 244-248.
[vi] Es interesante a este respecto el libro de M. Pergnier, *Les Fondements socio-linguistiques de la traducción.* Paris: Librairie Honoré Champion, 1978.
[vii] Son interesantes los estudios de Emilio Lorenzo: "El anglicismo en el español de hoy", en *El español de hoy, lengua en ebullición.* Madrid: Gredos, 1980 y de Ch. Pratt: *El anglicismo en el español peninsular contemporáneo.* Madrid: Gredos, 1980..
[viii] Marcos Pérez, P.J. 1971: *Los anglicismos en el ámbito periodístico.* Valladolid: Universidad de Valladolid.
[ix] Baker, M., *In other words: A Coursebook on Translation.* London & New York: Routledge, 1992.
[x] Marcamos con un asterisco (*) aquellas construcciones inaceptables en el sistema de la lengua.
[xi] Torrents dels Prats, A., *Diccionario de modismos inglese sy norteamericanos.* Barcelona: Editorial Juventud, 1969.
[xii] Savaiano, E., *2001 Spanish and English Idioms.* New York: Barron's Educational Series, Inc. , 1991 (1976).

xiii Fernando, C. y Flavell, R. *On Idiom: Critical Views and Perspectives*. University of Exeter: Exeter Linguistic Studies, 5, 1981.
xiv Hatim, B. y Mason, I., *Dircourse and the Translator*. London & New York: Longman, 1990.
xv Vázquez Ayora, A. *Introducción a la Traductología*. Washington D.C.: Georgetown University, 1977.
xvi Toury, G. *In Search of a Theory of Translation*. Tel Aviv: The Porter Institute of Semiotics, 1980.
xvii Newmark cita a Ladmiral que Ladmiral como creador de dichos términos en francés ("sourciers" y "ciblistes", respectivamente y me atrevería a traducirlos al español como "originalistas"(de "lengua origen" (o "literales", para evitar la confusión que podría suscitar el término según se aplique a los conceptos de" original" o de "originalidad" y "metistas" de "lengua meta".
xviii Ejemplo tomado de E. Briton, E. Cruz et al., *Translation Strategies. Estrategias para Traducción*. Londres: Macmillan Publishers, 1981:187.
xix Havranek, B. "The functional differentiation of the standard language". En J. Vachek, *A Prague School Reader in Linguistics*. Bloomington, 1991.
xx Cary, E. *Comment faut-il traducire?*.Paris: Presses Universitaires de Lille, 1986.
xxi Bassnet-McGuire, S. 1980. Ob. cit.. Traducción propia.
xxii Belloc, Hilaire. *On Translation*. Oxford: The Claredon Press, 1931, p. 116.
xxiii Newmark, P. *About Translation*. Clevedon, Philadelphia, Adelaide: Multilingual Matters LTD. London, 1991.
xxiv Maillot, J. *La traduction scientifique et technique*. Paris: Technique et Documentation, 1978.
xxv Martín Municio, M. Telos: *Cuadernos de comunicación, tecnología y sociedad*, n° 5, enero-marzo, 1980: 96-155.
xxvi Stockwekk, R. P. et al: *The grammatical structures of English and Spanish*. Chicago: The University of Chicago Press, 1965: 136.
xxvii García Yebra, A. *Claudicación en el uso de las preposiciones*. Madrid: Gredos, 1988.
xxviii TL = Target Language, en espaÒol "lengua término".
xxix Tales diferencias parecen ir acortándose con EEUU al haber entrado en vigor en España un nuevo sistema educativo que imita al americano, y en Europa, por los grandes esfuerzos llevados a cabo por la Comunidad Europea para lograr una homologación.

[xxx] Mayoral Asensio, R. "La traducción jurada de documentos académicos norteamericanos. *Sendebar,* Granada, 1991, pp. 45-57.
[xxxi] Mayoral Asensio, R. ob. cit., p.48.

# Parte II

## Práctica

## Capítulo 3

## APLICACIONES. EJERCICIOS DE TRADUCCION.

Este capítulo tiene como finalidad servir de práctica a los apartados explicados en el capítulo 2, de este modo el libro puede ser utilizado, o bien como instrumento de estudio individual, o bien dirigido por el profesor que puede reforzar y poner en práctica las explicaciones a través de los ejercicios que siguen. El capítulo consta de varias secciones. La sección 1 se refiere a ejercicios que tienen como objetivo atender a ciertas diferencias estructurales entre los dos sistema lingüísticos.

Dicha sección puede ayudar al alumno a reforzar sus conocimientos y, a su vez, ser de gran utilidad de cara a la práctica de la traducción. Se trabaja con textos cortos. La sección 2 se centra en el uso de ciertas técnicas o procedimientos de traducción que se utilizan en dicha práctica con el fin de evitar la traducción literal, que si bien es posible en determinados casos, no siempre es factible porque llevaría a un texto alejado de la realidad en la nueva situación a que debe acomodarse. Las secciones 3,

4, 5 y 6 se centran en la práctica de textos más largos en los cuales hay ya un contexto y se atiende a la división llevada a cabo en la sección 4 del capítulo 2 (Modelos de traducción. Tipos de textos) en cuanto a los diferentes tipos de texto y las diferentes características y dificultades que ofrecen.

## Textos cortos relativos a diferencias entre los sistemas lingüísticos

### Análisis componencial

El análisis componencial de determinados vocablos puede ser de gran utilidad para el traductor cuando necesita buscar un equivalente adecuado para aquellas palabras que tienen un significado amplio y complejo. De acuerdo con las explicaciones y los ejemplos dados en el capítulo 2, en la sección: *El significado en la traducción*, completa las tablas 1 y 2 buscando el equivalente español adecuado a cada situación. Para dicho ejercicio es necesario el uso de un buen diccionario.

La tabla 1 se centra en el significado del término inglés "havoc". De acuerdo con el contexto en el que se halla, busca un término equivalente y señala cuales son los semas (numerados del 1 al 12) que caracterizan su significado.

| HAVOC |
|---|
| A.- Goverment was appalled by the havoc and loss of life caused by the earthquake |
| B.- ral small children can create havoc in the house |
| C.- On which could play havoc with the land and sea defences |
| D.- They heard the order of "havoc" |
| E.- His arrival that night played havoc with my plans |
| F.- His ideas are causing havoc in the office |
| G.- The floods caused terrible havoc |
| H.- We have emerged from a scene of material runie and moral havoc |

1 material
2 abstract
3 physical human damage
4 moral human damage
5 produces waste, devastation
6 produce confusion
7 produce disorder
8 produces changes
9 cry as a signal of expoliation

10 armament
11 natural element
12 Spanish translation

La tabla 2 se refiere al término inglés "hard" y requiere que se marquen los semas y a su vez se busque un equivalente para la expresión española de acuerdo con la información ofrecida.

| Showing resistence | offering difficulty | requi-ring effort | causing hardship | showing inflexibi-lity | traduccion de HARD |
|---|---|---|---|---|---|
| | | | | | terreno. |
| | | | | | helada. |
| | | | | | madera |
| | | | | | "...de meterle el diente" |
| | | | | | problema..... |
| | | | | | .....de agradar |
| | | | | | .....de olvidar |
| | | | | | tiempos..... |
| | | | | | ....rato |
| | | | | | padre.... |
| | | | | | sostener un...regateo |
| | | | | | optar por una linea.... |
| | | | | | hacer...a los muchachos |
| | | | | | ...suerte |

| | | | | | ....trabajador |
|---|---|---|---|---|---|
| | | | | | ..dificulta-des |

## Traducción de "falsos amigos".

Los "falsos amigos" son aquellos vocablos que guardan un gran parecido en la forma en ambos idiomas, pero cuyo significado se halla bastante alejado el uno del otro y su similitud formal puede llevar a crrores en la traducción.

A.- Teniendo en cuenta las explicaciones dadas en la sección *Los falsos amigos en la traducción*, traduce las siguientes oraciones, a ser posible sin utilizar el diccionario, con el fin de comprobar tus conocimientos léxicos, tanto en inglés como en español.

1.- A very simple person.

2.- A simple question.

3.- I was only asking.

4.- These are the relevant documents.

5.- He has some outstanding qualities.

6.- They gave the impression of being very candid in their replies.

7.- The actual value of an object.

8.- El hombre adecuado para el trabajo.

9.- El procedimiento es adecuado para esta finalidad.

10.- The money I have is adequate for this trip.

11.- They eventually decided to leave.

12.- No usaba sombrero más que eventualmente.

13.- A consistent worker.

14.- Un argumento consecuente.

15.- Her contribution was more substantial than mine.

16.- A regular customer.

17.- De estatura regular.

18.- Una casa bastante regular.

19.- Regular hours of work.

20.- The financial implications.

21.- Ability to pay.

22.- The ability to remember dates.

23.- In 1986 the current debt was larger than in 1992.

24.- Quiero que me pague en dinero efectivo.

25.- La fecha efectiva de vencimiento del contrato.

26.- Un tratamiento eficaz.

27.- He has brought disgrace on his family.

B.- En el texto que sigue vuelve a reescribir la frase cambiando los vocablos subrayados por otros más apropiados de acuerdo con el contexto lingüístico:

La época de fútbol empieza la semana próxima. Es mi deporte favorito y voy a tratar de rellenar una aplicación para entrar a formar parte del equipo local. Lo cierto es que ganan con frecuencia y por eso cuando pierden te sientes bastante desgraciado. Algunos de los jugadores actuales son forasteros y vienen de paises muy diferentes. Tienen unos nombres supuestos muy interesantes y en una pareja de partidos que he visto por televisión el comentarista se equivocó más de una vez. Para mí el mejor jugador de todos los tiempos ha sido Cruiff y me gusta leer noticias de su temporada.

**Aspectos relativos al verbo.**

Siguiendo las explicaciones dadas sobre las diferencias cn el uso de los tiempos verbales en la sección correspondiente del capítulo 2,

A.- Lee las siguientes oraciones, comenta su traducción, y sugiere otra, si lo crees conveniente, o traduce aquellos textos que no lo estén. Comenta en cada caso tus decisiones y presta atención al nivel del discurso a que pertenece dicha unidad con el fin de reproducir el mismo nivel:

1.- These measures will bring greater stability.

A: Estas medidas traerán mayor estabilidad.

B: Con estas medidas se logrará mayor estabilidad.

2.- The limited time available allowed me to visit only the Museum of Modern Art.

A: El limitado tiempo disponible permitió que visitara sólo el Museo de Arte Moderno.

B: Por el escaso tiempo de que disponía, sólo visité el Museo de Arte Moderno.

3.- The town to which the goods were shipped.

A: La ciudad a la cual se enviaron los artículos.

B: La ciudad a la que los productos fueron enviados.

4.- Come for dinner tomorrow.

A.- Venga para la cena mañana.

B.-Venga a cenar conmigo mañana.

5.- A plan was approved for the development of agriculture.

A: Un plan para el fomento de la agricultura se aprobó

6.- The gentlemen removed their hats.

A.- Los señores se quitaron sus sombreros.

7.- I feel under the weather.

A.- No me encuentro bien.

8.- I have little money.

A.- No tengo mucho dinero.

9.- If I remember correctly.

A.- Si la memoria no me falla.

10.- The need to continue the discussion on fomulas for solving vital issues

A: La necesidad de continuar el diálogo para fórmulas de solución de asuntos vitales.

11.- Weather permitting:

12.- En su juventud tuvo que afrontar muchas dificultades

13.- You may borrow the book so long as you keep it clean

14.- No se sabe mucho acerca de la naturaleza de la enfermedad.

15.- Write down the names and telephone numbers of the persons who will attend the course.

16.- International Women's Year.

17.- Instituto Internacional del Niño.

18.- June 23 1994.

19.- She speaks English very well although she is French.

20.- Programs for the improvement of living conditions.

21.- I wish to be left alone.

22.- He is allowed to do as he pleases.

B.- Traduce las siguientes oraciones, prestando especial atención al modo del verbo. Recuerda el uso del subjuntivo.

1.- I work before he comes.

2.- I am searching for an instructor who speaks French.

3.- I'll do as you say (you say "take it eady").

4.- Es necesario que trabajen esta tarde.

5.- Ayúdanos cuando puedas.

6.- There's no computer that speaks Esperanto.

7.- Dudo que tengan tiempo.

8.- I'll go wherever you say.

9.- No hay nadie aquí que hable chino.

10.- Busco un gato con los ojos verdes.

**Traducción de la forma inglesa -ing al español.**

A.- Teniendo en cuenta los diferentes usos y significados de las formas -ing en inglés y siguiendo las indicaciones dadas en la sección *Traducción de las formas -ing al español* en el capítulo 2, traduce las siguientes oraciones, comentando su función en la oración y su equivalente en español.

1.- He read the novel at one sitting.

2.- I am going to eat.

3.- Looking up suddendly, Robert saw a rainbow.

4.- The man objected to my playing in the team.

5.- The villagers listened to the tolling of the bell.

6.- The critics praised her wonderful dancing.

7.- They were coming towards the flag.

8.- He heard the voice saying the last prayer.

9.- Have you lodgins?.

10.- It kept on raining.

11.- It is not insulting.

12.- These happenings are frequent.

13.- Seeing is believing.

14.- We have enjoyed listening to the music.

15.- They have finished dining.

16.-They have begun studying.

17.- He went out slamming the door.

B.- Dos clases de abuso muy frecuentes son: 1.- el empleo del gerundio referido al acusativo, p.e., "Le envío una caja conteniendo libros" en vez de "...una caja que contiene libros", y 2.- el uso del gerundio coordinativo, p. e., "se cayó del andamio, rompiéndose la pierna", en vez de "se cayó del andamio y se rompió la pierna"[i].

Lee los siguientes párrafos, explica el uso del gerundio y ofrece una versión mejor, si crees que es oportuno:

1) El embajador llegó al aeropuerto acompañado de su esposa y vistiendo un abrigo sport, siendo asediado de inmediato por los periodistas.

2) Pero cuando tenía 41 años de edad se declaró en bancarrota con una lista de 246 acreedores-incluyendo ex esposas- debiendo más de 522 mil dólares y con bienes de menos de cinco mil 500 dólares.

3) Ahora Doyle ha iniciado la campaña para su reelección teniendo 73 años y nadie menciona ya la edad como un factor importante.

4) Haymes pasó de locutor de radio a cantante, actuando con bandas tan famosas como *Machine Band*.

5) Dependiendo de dónde esté ubicado, su forma y tamaño, el médico podrá optar por una u otra solución.

### Interferencias lingüísticas. Neologismos

A.- Como hemos visto en el capítulo 2, en la sección *Interferencias lingüísticas*, cuando dos lenguas están en contacto suelen producirse interferencias entre ambos sistemas. Dichas interferencias deben evitarse en la medida de lo posible. Presta atención a las siguientes oraciones; en cada una de ellas hay algún aspecto que denota la influencia de la otra lengua. Con la ayuda del profesor o las explicaciones ofrecidas en la sección de capítulo 2 arriba mencionado, comenta dichos aspectos y da otra versión. Puedes intentar también buscar una traducción en inglés y comprobar que el error en español se debe a la influencia de la estructura inglesa

1.- Los ciegos de nacimiento al ganar la vista....

2.- Cada uno contribuirá con un ensayo.

3.- Cada mañana de 9 a 1....

4.- No es por eso que te lo ofrecía.

5.- Esta discusión será algo a resolver por los tribunales de justicia.

6.- ¿Hay alguna cosa que pueda hacer por tí?.

7.- No había nada que pudiéramos hacer.

8.- Es en este contexto que Jorge Semprún escribe en las páginas de *El País*.

9.- He perdido mi sombrero.

10.- Si llegara a ocurrirme alguna cosa...

B.- Los textos técnicos evidencian igualmente la interferencia del sistema lingüístico inglés. El mundo de la Informática ocupa una gran parcela de las traducciones que se realizan hoy en día. La gran rapidez con que aparecen nuevos productos hace que el traductor, con frecuencia, disponga de muy poco tiempo para realizar su labor o, simplemente, no tiene la preparación suficiente. Lee los siguientes ejemplos, considera su estructura y ofrece otra versión si lo crees posible:

1.-El desarrollo de un sistema experto usando el nuevo programa significa representar el conocimiento obtenido de un modo objetivo.

2.- Muchos sistemas expertos están siendo desarrollados usando la programación basada en el conocimiento.

3.- General Motors declaraba..., presentaba..., observaba....

4.- Un ordenador puede resolver una serie de problemas y tomar cientos incluso miles de decisiones lógicas.

5.- Un ordenador puede reemplazar al hombre en las tareas rutinarias y monótonas.

6. - Se podría ser capaz de trabajar con el nuevo programa en un espacio de tiempo menor.

7. - Los usuarios del modelo Macintosh 3270 miran ahora la otra red.

8. - Estos módulos son de bajo coste, pero además aporta como novedad .

9 - Cualquier gran ordenador central con el que se pueda establecer comunicaciones tratará a un ordenador personal como el más tonto de los terminales no inteligentes.

10 - No fue sino hasta el advenimiento de la tecnología de integración a escala muy grande que comenzaron formalmente los trabajos .

11.- El más rápido y potente, pero más caro ordenador personal AT.

12.- Existen unos 400 programas actualmente bajo desarrollo.


**Expresiones idiomáticas**

En la sección del capítulo 2 correspondiente a la traducción de expresiones idiomáticas aludíamos a las dificultades y estrategias que podía utilizar el traductor para traducir un modismo, un proverbio o una frase hecha. El contexto tiene gran importancia a la hora de tomar una solución, sobretodo en el caso de que la otra lengua no posea un equivalente. Sin embargo, puede servir de práctica el trasladar simples oraciones a la otra lengua, antes de iniciar el trabajo con textos más largos. El siguiente ejercicio consta de dos partes (A y B), en la primera se trabaja con oraciones cortas, en ambos idomas; y en la segunda se propone la traducción de un texto corto.

A.- Traduce las siguientes oraciones prestando especial atención a su significado. Trata de encontrar una expresión equivalente en la otra lengua.

1.- He's never had it so good.

2.- He gets on my nerves.

3.- It's like looking for a needle in a haystack.

4.- Estoy pendiente de una llamada del extranjero.

5.- The nerve of it! He took it all!.

6.- Se está forrando el riñón.

7.- There is no need to hurry.

8.- He told me to get lost.

9.- I won't do it for love nor for money.

10.- Tenía un nudo en la garganta.

B.- Traduce los siguientes textos, explicando las dificultades que encuentras y las soluciones tomadas. Para producir una traducción adecuada deberás tener en cuenta la situación en la que se produce:

1.- (Un policía a un testigo): I want to ask you about the hit-and-run that you saw the other day. Now some people just clam up when a police officer starts asking them questions. I want to assure you that you are not in any hot water with us-- we just want to know what you saw the other day. We really want to haul in the right guy, so whatever you can tell us will help us get that guy.

2.- (El doctor/a la madre de un paciente): This is the time of the year that kids catch a cold and it seems that that is what  your daughter has. I hope we can nip it in the bud, so I would suggest you buy an over the counter decongestant for children and see how she does in the next 48 hours. I realize this is your fourth child, so you know the ropes. Let me know if things don't improve.

3.- (Un profesor/a a la madre de un alumno): Quería hablarle de su hijo. Me preocupa mucho su actitud. Da la sensación de que es uno de esos chicos que le das el dedo y se toma la mano. Ya ha estado en dos clases diferentes de 5° curso y su comportamiento deja mucho que desear. Creo que necesita un poco de disciplina. Me molesta verle quemar su último cartucho antes de dejar la escuela. Las cosas serán más difíciles en el Instituto.

## *Ejercicios sobre técnicas de traducción*

El traductor, además de conocer bien las dos lenguas en contacto, debe disponer de toda una serie de recursos que le permitan traducir el texto original del modo más fiel posible. Los sistemas lingüísticos, ni de un modo más general las culturas, coinciden. Es conveniente tener dicha apreciación presente y saber utilizar algunos de los procedimentos que de un modo consciente o inconsciente el traductor profesional utiliza en su labor diaria.

### Modulación

Teniendo en cuenta las explicaciones en el capítulo 2 concernientes a la modulación, traduce las siguientes frases o expresiones comunes y comenta dónde radican las diferencias entre las dos lenguas.

1.- Entiendo.
2.- Te veo bien.
3.- God Bless you!.

4.- De Londres a Edimburgo hay seis horas de tren.

5.- I came to the wreck of a house.

6.- Whose side we are on?.

7.- Se lava la cabeza cada día.

8.- The battle is set in Liverpool.

9.- !Basta ya!.

10.- Court of Last Appeal.

11.- I looked for her eyes.

12.- Daban las horas en el reloj.

13.- I wasn't talking for the sake of talking.

14.- Followed literally.

15.- Goldfish.

16.- Life imprisonment.

17.- Los gatos tienen siete vidas.

18.- Caso visto y resuelto.

19.-Right away.

20.- He shut the door in my face.

### Omisión y ampliación

El traductor frecuentemente tiene que añadir o suprimir palabras o frases sin alterar el significado del texto original. Dichos procedimientos son más evidentes cuando se trabaja con textos más largos que la simple oración. Sin embargo, puede ser beneficioso para la preparación del futuro traductor analizar unidades pequeñas y ver como funcionan los sistemas de cada una de las lenguas, considerando que puede haber más de una versión dependiendo del contexto en el que se situe, del estilo adoptado por el traductor, del lector a quien va dirigido, etc.. Presta atención a los siguientes ejemplos, comenta su traducción y ofrece otra versión si lo crees posible:

1.- Hacen falta proyectos económicos que sirvan para estimular el capitalismo.

- We need economic plans to estimulate capitalism.

2.- Fue golpeado hasta caerse muerto.

- He was beaten to death.

3.- The value of the peso has decreased in terms of the dollar.

- El valor del peso expresado en dólares ha bajado.

4.- He closed the door to ensure that no one would come in to disturb him.

- Cerró la puerta para que nadie entrara a molestarlo.

5.- En un enfrentamiento ocurrido hoy entre trabajadores y la policía .....

- In today's clash between workers and police....

6.- The educational program will depend on the solutions to economic and political problems.

- El programa educativo dependerá de la solución que se dé a los problemas económicos y políticos.

7.- His post was a harship.

- Tenía un puesto de servicio bastante difícil de soportar.

8.- Anti-apartheid groups.

- Grupos que se oponen al aparheid.

9.- Beat milk till frothy.

- Bata la leche hasta que haga espuma.

10.- Unless otherwise stated, the goods will be delivered early in the morning.

- A menos que se indique otra cosa, la mercancía se entregará por la mañana temprano.

### Adaptación

La adaptación es un procedimiento inevitable sobretodo cuando se trata del nombre de instituciones o conceptos culturales que pueden resultar incomprensibles o llevar a equivocación al lector de la lengua a la que se traduce. Teniendo ello en cuenta y las explicaciones dadas en la sección del mismo título en el capítulo 2,. busca el modo más adecuado de trasladar el concepto o hacer más aceptable el significado de las siguientes palabras u oraciones:

1.- María hablaba inglés con acento andaluz.

2.- In London we visited Trafalgar Square and Buck House.

3.- El proyecto se debatirá en las Cortes.

4.- Chewing a Babby Ruth.

5.- El niño no necesita ya usar DODOTIS.

6.- We may have a barbecue in Independence Day.

7.- On May Day there is a huge sales at the Mall of America.

8.- Nos comimos una paella estupenda.

9.- He is a freshman.

## Transposición

La transposición como procedimiento por el cual se pretende hallar las correspondencias adecuadas entre ambas lengua a traves de cambios de categorías o estructuras gramaticales es uno de los recursos que está siempre presente en la actividad traductora, aunque sea de un modo inconsciente. Traduce las siguientes oraciones y comenta que cambios gramaticales se han producido. Recuerda las explicaciones del apartado 2.3.4..

1.- En un automóvil que las esperaba.

2.- La frontera con Chile.

3.- If you happen to stay in London.

4.- More and more strongly.

5.- To be able to say.

6.- The musical makes a plea for positive action.

7.- It would seem on teh face of it.

8.- There was still an hour before he had to go to.

9.- No tenía aspecto de buena salud.

10.- He smoothed the wrinkles off his brow.

11.- No smoking.

12.- Un disparo que venía de la casa.

13.- Her fingerprints were on the table.

14.- A pesar de su rapidez.

15.- You've been very helpful.

16.- Los animales que vemos en escena....

17.- ¡Necio de mi!.

## Compensación

El procedimiento de la compensación sirve, como su nombre indica, para dotar de equilibrio al texto, añadiendo en alguna parte aquello que dejó de ponerse en la otra. Es una herramienta valiosísima para el traductor, de gran utilidad en poesía para compensar el efecto sonoro o la pérdida de contenido por restricciones formales.

Analiza y compara las diferentes versiones que proponemos de una estrofa del poema 'Romance sonámbulo', de la obra de Federico García Lorca *El romancero gitano,* y busca ejemplos de compensación.

García Lorca

**Romance Sonámbulo**

Verde que te quiero
verde.
Verde viento. Verdes
ramas.
El barco sobre la mar
y el caballo en la
montaña.
Con la sombra en la
cintura,
ella sueña en su
baranda
verde carne, pelo
verde,
con ojos de fría plata.
Verde que te quiero
verde.
Bajo la luna gitana,
las cosas la están
mirando
y ella no puede
mirarlas.

**Ballad of the Sleep Walker**

Green, how I want you
green.
Green wind. Green
boughs.
The ship on the sea
and the horse in the
mountains.
With the shadow round her
waist
she dreams upon the
balcony,
green flesh, hair of green.
and eyes of frozen silver.
Green, how I want you
green.
Under the gypsy moon,
all things are looking at
her
and she cannot see them.

| **Walking Asleep** | **Somnambulistic Ballad** |
|---|---|
| *Green, green, how deeply green!* | *Green as I would have you be.* |
| *Green the wind and green the bough,* | *Green wind. Green boughs.* |
| *The ship upon the ocean seen,* | *The boat on the sea And the horse on the mountain.* |
| *The horse upon the mountain's brow.* | *With  shadow around her waist* |
| *With the shadows round her waist* | *She dreaming at her railing,* |
| *Upon her balcony she dreams.* | *Green flesh, green hair, Eyes of frozen silver.* |
| *Green her flesh and green her dresses,* | *Green as I would have you be.* |
| *In her eyes chill silver gleams,* | *Under the gypsy moon, Things are watching her, Things she cannot see.* |
| *Green, green, how deeply green* | |
| *While the gipsy moonbeam plays* | |
| *Things aret looking at her* | |
| *But she cannot meet their gaze.* | |

**Recomposición. Paráfrasis**

Teniendo en cuenta las consideraciones hechas en el la sección *Recomposición y paráfrasis* en el capítulo 2 y los cambios que dicha recomposición del texto puede llevar consigo, incluidos cambios en la puntuaciónya hemos apuntado anteriormente en la sección correspondiente, proponemos una serie de oraciones y de párrafos cortos junto con su traducción, o bien dos versiones de un mismo texto en español para poder comentar los cambios y las preferencias de cada idioma.

*A.- Frases cortas.*

Son frases cortas o párrafos en los que, a veces, prescindimos del texto original. Se trata, pues, más que de una traducción de una revisión, pero constituye una fase fundamental en la tarea del traductor. Lee los siguientes ejemplos[ii]- entre guiones tienes cierta información sobre el objetivo de la recomposición-, compara la(s) traducción(es) y ofrece otra traducción, si lo crees conveniente, dando razones de los cambios realizados.

Ejemplo I.- TO (Texto original): In the project budget the total effort must be divided and subdivided until all tasks are defined at a level sufficiently detailed to be readily understood and manageable.

TT (Texto traducido): (Ejemplo de infidelidad) En el projecto de presupuestos el esfuerzo total debe ser dividido y subdividido hasta que todas las tareas estén definidas a un nivel suficientemente detallado para ser fácilmente comprendido y manejable.

TT: En el presupuesto para proyectos debe dividirse y subdividirse el conjunto de las actividades hasta definir todas las tareas con suficiente detalle para que puedan comprenderse y manejarse con facilidad.

Ejemplo II.- (Claridad y precisión): La obra de teatro tiene 32 minutos de duración y es de difícil interpretación.

Ejemplo III.- (Evitar lo supérfluo): Existe la creencia de que con riesgos suficientes, más de uno por mes, y con adecuada fertilización se favorece la formación de una segunda floración y se obtiene cosecha invernal.

Ejemplo IV.- (Evitar repeticiones): Es fundamental tener presente que la poda debe ser suave o moderada, ya que un exceso es por lo general más perjudicial que una poda leve, ya que retarda la entrada en producción de los árboles nuevos y disminuye la cosecha en los adultos.

- El romanticismo gana terreno, según encuesta de una importante revista de psicología que encuestó a 12 mil norteamericanos.

- La negativa para una visa para viajar a EE UU fue decisiva.

- Estas fábricas del rey hilaban lanas y fabricaban paños que más tarde se bordaban.

Ejemplo V: (Evitar cacofonía si el texto no lo requiere): La postergación de la realización de las obras.

- El financiamiento del movimiento del cobre a través de la frontera.

- La demanda de oro se ha reducido marcadamente por la inflación baja que prevalece actualmente.

- La Central General cumple con todos los requerimientos para el abastecimiento eléctrico de ambas regiones.

Ejemplo VI: (Mejorar la puntuación): Other insects are social in the sense of being more or less congenial, meeting from time to time in committtees, using social gatherings as ad hoc occasions for feeding and breading.

- Otros insectos son sociales en el sentido de ser más o menos compatibles; se reúnen ocasionalmente en comités y las reuniones sociales vienen a ser oportunidades ad hoc para alimentarse y reproducirse.

## B.- *Párrafos*.

En esta sección encontrarás dos párrafos referidos al mismo artículo. Uno de ellos está en español y el otro en inglés de modo que pueda servirte de referencia para captar el estilo en ambas lenguas. Traduce los párrafos a la lengua correspondiente, poniendo especial énfasis en las palabras o frases subrayadas. Compara tu traducción con la de otros compañeros.

Los jóvenes manifestantes chinos sólo tenían que consultar las páginas de sus libros de historia <u>para</u> recibir un poco de inspiración, e incluso algunas lecciones. A lo largo de este siglo las reuniones masivas de estudiantes a menudo han servido para pronosticar o avanzar <u>cambios políticos y sociales</u> en China, para anunciar nuevas eras o para ayudar a instaurar la agenda política del país. Verdaderamente las recientes muestras de inquietud comparten temas familiares con los alborotos de anteriores generaciones estudiantiles; una llamada ferviente para un renovado propósito nacional, y una demanda ruidosa de reforma doméstica.

Foreign intrusion has frequently spurred student <u>reaction.</u> When Japan presented the Chinese government with its "21 demands" in 1915, which included <u>the ceding</u> of the northeastern province of

Shangdong to Tokyo, thousands of Chinese students studying abroad returned home to protest what they saw as a humiliating affront to the country's sovereignty. Reports that Britain, France and Italy had agreed at Versailles to support Japonese claims to Shangdong sparked a demostration of some 5,000 students in Pekin on May 4, 1919 and protests at more than a dozen universities across the country.

*C.- Corrección de oraciones.*

Teniendo en cuenta que el uso de la paráfrasis se debe, con frecuencia, a rasgos estilísticos, trata de ofrecer una versión diferente sin cambiar la información[iii]:

1.- La demanda de oro se ha reducido marcadamente por la inflación baja que prevalece actualmente.

2.- En general, el peral no necesita podarse fuertemente.

3.- Los hermanos Grimm, sumamente distintos en carácter y talento, se mantuvieron entrañablemente unidos hasta la muerte.

4.- Indiscutiblemente, la historia de los baños termales está estrechamente ligada al desarrollo del tren que paulatinamente se desparramó por todo el territorio. Lógicamente, ello favoreció el gran crédito de estos establecimientos a los que se hizo moda concurrir.

5.- Cualquiera puede llegar a ser un gran hombre sin estar dotado de un talento ni de un ingenio superior con tal que tenga valor, un juicio sano y una cabeza bien organizados.

6.- Las uvas tienen la característica de no continuar su proceso de maduración una vez cosechadas. Es así que una uva recolectada en estado inmaduro mantendrá invariablemente dicha condición, es decir, sin variar posteriormente su bajo grado de azúcar y su alta acídez.

## Traducción de textos literarios

Comenzamos con este apartado ejercicios de traducción con textos más largos de modo que tenemos un contexto mínimo con el que trabajar, aparte de las consideraciones llevadas a cabo en la sección *Modelos de traducción*, correspondiente a los textos literarios. Son cuatro los textos elegidos, cada uno posee una serie de características propias y se realizan ejercicios diferentes con el fin de ofrecer una visión lo más amplia posible del campo de la traducción literaria.

**Ejercicio sobre un fragmento de *La familia de Pascual Duarte* de Camilo José Cela.**

Texto literario traducido con notas para comentar. Antes de traducir el texto, el traductor debe conocer el texto original en su totalidad y analizar el estilo o cualquier otra dificultad que encuentre. Con el fin de facilitar la labor en los primeros estadios de la traducción:

1º.- Lee la información que se da sobre el texto.

2º.- Compara el texto original español con el texto traducido en inglés, prestando especial atención a los frases o palabras reseñadas. Comenta dónde se halla la dificultad, y si tú traducirías la frase de otra manera. No es necesario traducir todo el texto.

3º.- Discute tus conclusiones con otros compañeros o con el profesor (p.e. si hallaste más de una posibilidad y como llegaste a decidirte por una solución determinada, o si consideras tu solución mejor que la ofrecida en las notas y por qué, o cuales han sido las principales dificultades que han encontrado, etc.).

*La familia de Pascual Duarte* es la primera novela que publicó el Premio Nobel español Camilo José Cela en 1942. Se situa en la guerra civil española (1936-1939) y narra la vida de

Pascual y la influencia que su entorno ejercía sobre
el protagonista. El texto que tenemos a
continuación corresponde al primer capítulo. Los
comentarios que siguen pueden ayudarte a
comprender mejor el sentido total de la obra y a
orientar tus elecciones:

Nos enfrentamos en Pascual Duarte con una serie
de personajes genuinamente primitivos. La
simplicidad de sus procesos mentales, sus modos de
vida, y sus actividades físicas no necesita hallarse a
un nivel primigenio para merecer la calificación de
"primitiva". En la medida en que estos elementos
presentan un estado menos desarrollado que el de los
niveles culturales vigentes, el término resulta
aplicable. Pascual es el individuo que ejemplifica el
tipo primitivo en sus respuestas emocionales y
fisiológicas, y en sus relaciones sociales. Su padre
pertenece al mismo tipo, y muestra en forma
condensada las pautas básicas de conducta que su
hijo seguirá a lo largo de la novela.

Otro indicio de la mentalidad de Pascual es su
manera de percibir el mundo que le rodea. Es
significativo que tengamos que hablar de los
sentidos, que son irracionales, como opuestos a las
facultades intelectuales, pues en su calidad de tipo
primitivo se esperaría que Pascual aprehendiese su
contorno en términos fisiológicos sin trasladarnos al
lenguaje conceptual. La sensibilidad más dominate es
la olfativa; y tan consciente es Cela de la necesidad
de mantener una percepción del mundo

uniformemente irracional, que hace a su protagonista emplear una expresión metafórica basada en este sentido.(...). (Ello) representa un desliz por parte del joven novelista, que , preocupado por dotar a Pascual de una peculiar sensibilidad, la extendió a un lenguaje imaginativo del que rústico era incapaz. Lo mismo es cierto cuando decidimos sobre las referencias sensoriales dominates, pues mientras reconocemos que las del olfato y el tecto son fieles a la mentalidad de Pascual, comprobamos que no lo son otras relativas al color. Las percepciones visuales están limitadas en la novela a los pasajes descriptivos, que surgen sobre todo en las primeras partes del libro; y también aquí hallamos que es Cela y no su héroe, quien debe ser considerado responsable del minucioso detalle del estilo realista[iv].

A nivel estructual, son varias las dificultades que hay que tener en cuenta. Presta especial atención a las frases subrayadas y a los aspectos que se mencionan a continuación:

1º Los tiempos verbales.

2º Uso de frases hechas modismos y un lenguaje algo anticuado, lo cual plantea problemas de vocabulario y de estructura ("los mismos cueros").

3º Traducción de metáforas ("marchar por el camino de las flores").

4º Elementos culturales o naturales desconocidos o poco frecuentes ("chumberas").

Yo, señor, no soy malo, aunque no me faltarían motivos para serlo. Los mismos cueros tenemos todos los mortales al nacer y sin embargo, cuando vamos creciendo, el destino se complace en variarnos como si fuésemos de cera y destinarnos por sendas diferentes al mismo fin: la muerte. Hay hombres a quienes se les ordena marchar por el camino de las flores, y hombres a quienes se les manda tirar por el camino de los cardos y de las chumberas. Aquellos gozan de un mirar sereno y al aroma de su felicidad sonríen con la cara inocente; estos otros sufren del sol violento de la llanura y arrugan el ceño como las alimañas por defenderse. Hay mucha diferencia entre adornarse las carnes con arrebol y colonia, y hacerlo con tatuajes que después nadie ha de borrar ya...

I am not, sir, a bad person, though in all truth I am not lacking in reasons for being one. We are all born naked, and yet, as we begin to grow up, it pleases Destiny to vary us, as if we were made of wax. Then, we are all sent down various paths to the same end: death. Some men are ordered down a path lined with flowers, others are asked to advance along a road sown with thistles and prickly pears. The first gaze about serenely and in the aroma of their joyfulness they smile the smile of the innocent, while the latter writhe under the violent sun of the palin and knit their brows like varmints at bay. There is a world of difference between adorning one's flesh with rouge and eau-de-cologne and doing it with tattoos that later will never wear off.[v]

## Ejercicio sobre un fragmento de *Catch 22* de J. Heller.

El traductor ha de tener en cuenta una serie de factores antes de iniciar la traducción. Deberá conocer la época en la que se escribió la obra, el entorno social del autor, su producción literaria y estilo, el lector al que iba dirigido y el tipo de audiencia que va a tener su traducción. Todo ello puede llevarle a tomar soluciones diferentes ante cuestiones no meramente literarias, sino más bien dirigidas al uso de la lengua o de las convenciones sociales y culturales del momento.

A continuación tienes un texto original en inglés y dos traducciones en español correspondientes a diferentes épocas. El texto original lo escribió Joseph Heller en 1961. Las dos traducciones españolas son la primera de 1969 y la segunda de 1991. Los pasos a seguir son los siguientes:

1º Si no conoces la obra en inglés, el primer paso será recurrir a una enciclopedia o historia de la literatura y situar al autor y su obra en el momento y lugar adecuado.

2º Intenta traducir el texto, en grupos, teniendo en cuenta el tipo de audiencia a quien va dirigido.

3º En cuanto a las traducciones sería interesante conocer algo sobre cada traductor, lo cual no es siempre posible, y tratar de conocer también algo de la sociedad de cada momento. Son dichas dificultades, unido a la pericia del traductor, las que han dado lugar a versiones diferentes. Compara las dos traducciones con el original, y con tu traducción.

4º Comenta cual te parece más adecuada y por qué,.

5º Ofrece tu propia traducción.

---

THE TEXAN

It was love at first sight.

The first time Yossarian saw the chaplain he fell madly in love with him.

Yossarian was in the hospital with a pain in his liver that fell just short of being jaundice. The doctors were puzled by the fact that it wasn' t quite jaundice. If it became jaundice they could treat it. If it didn't become jaundice and went away they could discharge him. But this just being short of jaundice all the time confused them.

Each morning they came around, three brisk and serious men with efficient mouths and inefficient eyes, accompanied by brisk and serious Nurse Duckett, one of the ward nurses who didn't like Yossarian. They had the chart at the foot of the bed and asked impatiently about the pain. They seemed irritated when he told them it was exactly the same.

"Still no movement?"- the full colonel demanded.

The doctors exchanged a look when he shook his head.

"Give him another pill".

Nurse Duckett made a note to give Yossarian another pill, and the four of them moved along to the next bed.

None of the nurses liked Yossarian. Actually, the pain in his liver had gone away, but Yossarian didn't say anything and the doctors never suspected. They just suspected that he had been moving his bowels and not telling anyone.

---

*Trampa 22,* Traducción de Elías Cañete. Barcelona: Edt. Plaza y Janés, 1969.

EL TEJANO

Fue un caso de amor repentino. En cuanto Yossarian vió al capellán quedó locamente prendado de él. Yossarian se encontraba en el hospital aquejado de una dolencia del hígado que no llegaba a ser ictericia. Los doctores estaban pasmados por el hecho de que no se manifestara tal enfermedad. Si hubiera tenido ictericia habrían podido someterle a un tratamiento. Pero en aquellas circunstancias se limitaban a esperar que desaparecieran los dolores para darle de alta.

Todas las mañanas acudían a la sala tres hombres serios y activos con bocas eficientes y ojos ineficaces acompañados por la seria y activa Duckett, una de las enfermeras de la sala, a las que desagradaba Yossarian. Leían el tarjetón colocado al pie de la cama y preguntaban, impacientes,acerca de la dolencia. Aparentemente les irritaba la diaria declaración de que todo seguía igual.

- ¿Todavía no ha evacuado?- preguntaba el rotundo coronel.

Los doctores cambiaban una mirada cuando el paciente movía la cabeza negativamente.

-¡Habrá que darle otra píldora!

La enfermera Duckett anotaba que había que administrarle al paciente otra píldora y los tres hombres se encaminaban a la cama siguiente. En realidad los dolores del hígado habían desaparecido, pero Yossarian se guardó de decirlo y los doctores no sospecharon nada. Lo que sospecharon fue que había evacuado sin decírselo a nadie.

---

*Trampa 22.* Traducción de Flora Casas. Madrid: Debate, 1991.

**EL TEJANO**

Fue un flechazo.

En cuanto Yossarian vió al capellán se enamoró perdidamente de él.

Yossarian estaba en el hospital porque le dolía el hígado, aunque no tenía ictericia. A los médicos les desconcertaba el hecho de que no manifestara los síntomas propios de la enfermedad. Si la dolencia acababa en ictericia, podrían ponerle un tratamiento. Si no acababa en ictericia y se le pasaba, le darían de alta, pero aquella situación les tenía perplejos.

Iban a verlo todas las mañanas tres hombres serios y enérgicos, de labios que denotaban tanta eficacia como ineficacia sus ojos, acompañados por una de las enfermeras de la sala a las que no le caía bien Yosarian, la enfermera Duckett, igualmente seria y enérgica. Examinaban la gráfica que había a los pies de la cama y se interesaban, inquietos, por el dolor de hígado. Parecían enfadarse cuando Yossarian les respondía exactamente igual.

- ¿No ha movido el vientre todavía?- preguntaba el coronel.

Los médicos intercambiaban miradas cuando Yossarian negaba con la cabeza.

- Déle otra píldora.

La enfermera tomaba nota de que había que darle otra píldora, y los cuatro se trasladaban juntos a la cama siguiente. A ninguna de las enfermeras le caía bien Yossarian. En realidad, se le había pasado el dolor de hígado, pero se guardó muy mucho de decirlo, y los médicos no sospecharon nada. Eso sí, sospecharon que había movido las tripas y que no se lo había contado a nadie.

**Ejercicios de traducción sobre un fragmento de *Catch 22* de J. Heller.**

Conocer la obra del autor, y ciertos condicionamientos sociales y culturales ayudan al traductor en su labor, como acabamos de ver. Sin embargo hay todavía otras dificultades que debe salvar. Traduce el siguiente párrafo del capítulo 1 de *Catch 22*. Presta atención a las frases o palabras subrayadas y escribe un comentario sobre cómo tomaste una decisión y por qué. Algunas de las dificultades que vas a encontrar se deben a:

1.- Determinadas estructuras que no posee el español (e.g. "middle-aged colonel");

2.- Términos culturales (e.g. "a WAC") desconocidos para el lector de la traducción;

3.- Uso de neologismos en la lengua receptora (e.g."nylon").

El ejercicio puede realizarse en grupo y al final comentar las diferentes versiones producidas.

In a bed in the small private section at the end of the ward, always working ceaselessly behind the green plyboard partition, was the solemn middle-aged colonel who was visited every day by a gentle, sweet-faced woman with curly ash-blond hair who was not a nurse and not a Wac and not a Red Cross girl but who nevertheless appeared faithfully at the hospital in Pianosa each afternoon wearing pretty pastel summer dresses that were very smart and white leather pumps with heels half high at the base of nylon seams that were inevitably straight. The colonel was in Communication, and he was kept busy day and night transmitting glutinous messages from the interior into square pads of gauze which he sealed meticulously and delivered to a covered white pail that stood on the night table beside his bed. The colonel was gorgeous. He had a cavernous mouth, cavernous cheeks, cavernous, sad mildewed eyes. His face was the color of clouded silver. He coughed quietly, gingerly, and dabbed the pads slowly at the lips with a distate that has become automatic.

# Ejercicio de traducción sobre un fragmento de La familia de Pascual Duarte de C. J. Cela.

*La familia de Pascual Duarte* es, como acabamos de mencionar, la primera novela que publicó Camilo José Cela, Premio Nobel español y reciente ganador del Premio Planeta 1994 por su novela *La Cruz de San Andrés*. El texto que tenemos a continuación corresponde al capítulo 2. Son varias las dificultades que hay que tener en cuenta, pero, puesto que la práctica es el mejor aliado para llegar a ser un buen profesional y para comprender mejor las dos lenguas en contacto, traduce el siguiente texto, y al igual que en el ejercicio anterior, presta especial atención a las frases subrayadas. Las principlaes dificultades se hallan en:

1.- Uso de frases hechas y modismos (e.g.,"escurría el bulto", "se le arruinó la presencia").

2.- Uso de un lenguaje de vocabulario y de estructura algo anticuado (e.g., "le tiraban las guías para arriba", "cuarentón cuando yo niño").

3.- Uso de comparaciones (e.g., "alto y gordo como un monte").

Texto para traducir:

De mi niñez no son precisamente buenos recuerdos los que guardo. Mi padre se llamaba Esteban Duarte Deniz, y era portugués, cuarentón cuando yo niño, y alto y gordo como un monte. Tenía la color tostada y un estupendo bigote negro que se echaba para abajo. Según cuentan, cuando joven le tiraban las guías para arriba, pero desde que estuvo en la cárcel, se le arruinó la presencia, se le ablandó la fuerza del bigote y ya para abajo hubo de llevarlo hasta el sepulcro. Yo le tenía un gran respeto y no poco miedo, y siempre que podía escurría el bulto y procuraba no tropezármelo; era áspero y brusco y no toleraba que se le contradijese en nada, manía que yo respetaba por la cuenta que me tenía.

### Traducción de textos técnico-científicos

Como señalábamos en el apartado correspondiente a la traducción de diferentes tipos de textos técnicos, uno de sus rasgos principales se halla en el uso de un vocabulario específico. Ello significa que el traductor, antes de iniciar su tarea, debe comprender dicho vocabulario. La comprensión del texto que se va a traducir constituye el primer paso de toda traducción, pero en el caso de la traducción técnica, dicho paso se convierte en algo imprescindible, puesto que el desconocimiento de un término puede llevar a una traducción sin sentido. El traductor debe, por ello, adquirir un cierto grado de familiaridad con el campo específico al que se refiere el texto. El uso de diccionarios especializados, glosarios, bancos de datos o lexicones son de gran utilidad, pero no suficientes. El traductor deberá consultar libros o artículos relacionados con el tema, a ser posible en ambas lenguas, con el fin de familiarizarse con las convenciones y estructuras propias de dicho tipo de textos.

Con el fin de limitar la necesidad de consultar dichos diccionarios y presentar algunas de las dificultades con las que el futuro traductor va a enfrentarse, presentamos una serie de textos técnicos pertenecientes a diferentes áreas y agrupados por parejas de modo que sirvan como fuente de información y como medio para familiarizar al traductor con el lenguaje y las estructuras utilizadas. Teniendo en cuenta todo lo expuesto anteriormente en el capítulo 2, en las secciones correspondientes a la traducción técnica, hemos seleccionado una serie de textos para que el alumno entre en contacto con las diferentes dificultades y soluciones que cada tipo de texto requiere.

**Ejercicios sobre la traducción de instrucciones:** *Tape Recorder. Battery Recorder.*

En la traducción de instrucciones, el primer hecho a recordar es la concisión y claridad que deben poseer los textos.

1° Imagina que tiene una grabadora y que puedes seguir todas las intrucciones que se ofrecen en el texto original.

2° Compara el texto con la traducción que se ofrece más abajo, comprobando que puedes seguir las instrucciones traducidas del mismo modo que hiciste anteriormente.

3° Traduce el texto, comentando las diferencias con la versión ofrecida y considerando las notas que siguen a su traducción. Recuerda que en este tipo de textos, en español se utiliza, con frecuencia, el modo imperativo y frases cortas y claras.

*Tape Recorder. Battery Installation:*

Two"AA" cell batteries (1) (not supplied) are required for battery operation.

1. - Press the battery compartment lid down and slide it open as shown by the arrow.

2.- Install two "AA" cell batteries (not included), matching the polarity as shown inside the battery compartment.

3.- Replace the battery compartment lid.

NOTE: Replace the batteries or use AC power (2) before requesting service if:

a)The playback sound is distorted.

b)The tape does not move, or moves slowly.

IMPORTANT: Remove the batteries if the unit will be unused for a few weeks or more. Leaky batteries (3) can badly damage the unit.

**Recording**

1.- Press the RECORD (4) buttton. The PLAY button will be engaged automatically.

2.- a) Place the recorder as close to the sound source as convenience allows, with nothing between the source and the recorder to block the sound.

b) Voice recording: Speak normally into the built-in microphone.

3.- Press the STOP/EJECT button to stop recording.

NOTE: The built-in record level control automatically sets the recording input level.

**Pause Control**

This convenient Pause feature is most helpful while recording because you can stop the recorder momentarily without resetting the control buttons. Slide the switch upward to stop operation in the Play, Record, Fast Forward/Cue or Rewind/Review modes. Slide the switch downward to resume operation.

------------------------------------------------------

Traducción del texto:

**Grabadora. Instalación de las pilas**

La unidad necesita dos pilas tipo"AA" (1,5 v.) (no incluidas).

1.- Presione la tapa del compartimento de las pilas, y deslícela en la dirección que indica la flecha para abrirla

2.- Coloque las dos pilas tipo "AA" (1,5v.) (no incluidas) siguiendo las indicaciones de polaridad que figuran en el interior del compartmiento de las pilas.

3.- Coloque la tapa del compartimento de las pilas.

NOTA: Antes de solicitar servicio, reemplace las pilas o utilice alimentación de CA cuando:

a) El sonido de reproducción se escuche distorsionado.

b) La cinta no se mueva, o se mueva lentamente.

IMPORTANTE: Extraiga las pilas cuando la unidad vaya a estar fuera de uso durante varias semanas o más tiempo. La unidad podría sufrir serios daños si las pilas tuviesen pérdidas.

**Grabación**

1.- Presione el botón de grabación (RECORD). El botón de reproducción (PLAY) será automáticamente activado.

a) Sitúe el grabador tan cerca de la fuente de sonido como sea conveniente, asegurándose de que no haya objetos que puedan obstruir el sonido entre la fuente y la unidad

b) Grabación de voz: Hable normalmente por el micrófono incorporado.

2.- Presione el botón de parada/expulsión (STOP/EJECT) para detener la grabación.

NOTA: El control automático de nivel de grabación de la unidad, ajustará automáticamente el nivel de entrada.

**Control de Pausa**

Esta función le será de gran utilidad durante la grabación. Usted podrá deterner temporalmente la grabación, sin tener que reajustar los botones de control. Durante los modos de reproducción, grabación, avance rápido/búsqueda o rebobinado/revisión, deslice el interruptor hacia arriba para detener la operación.

NOTAS:

1.- En el español peninsular se utiliza para dicho término "pilas", pero no "batería" (p.e. "batería del coche).

Suele definirse a las pilas por su voltaje, más que por el tamaño. Por ello habría que hablar de "pilas de 1,5 V." para asegurarse que el lector va a comprender el texto. A la hora de escribir la numeración, hay que prestar atención al hecho de que se trata de una unidad fraccionaria y que hay que colocar coma (1,5) y no punto (1.5) como ocurre en inglés.

2.- Para poder utilizar y traducir las siglas hay que conocer primero su significado, puesto que el orden de las iniciales, en el caso de que coincida el significado, es diferente. AC ("alternate current) pasa a ser CA (corriente alterna).

3.- A la otra de traducir dicha frase puede recurrirse a la frase comúnmente utilizada "si (las pilas) tuviesen pérdidas", con la distinción de significado que implica la colocación del acento ("perdidas" = "lost", "pérdidas" = "leaky". Podría decirse "las pilas defectuosas", aunque implicaría un cambio de significado puesto que podría pensarse que las pilas tienen algún defecto de fábricación.

4. RECORD, PLAY, STOP, EJECT, etc. debe conservarse como tal, puesto que se refiere al texto escrito en la grabadora, que no varía cuando el producto se exporta a otros paises y que, por lo tanto, resulta familiar al lector hispano.

**Ejercicios sobre los textos Teleprocessing / Teleproceso**

El campo de la Informática es, quizá, uno de los que ha experimentado un desarrollo más espectacular en las últimas décadas. Ello se manifiesta en una gran cantidad de productos disponibles en el mercado, la gran mayoría de ellos de fabricación americana y por lo tanto con la lengua inglesa como medio de comunicación. La traducción de textos informáticos en el mundo hispano es una de las más frecuentes, pero requiere también una preparación adecuada por el alto porcentaje de vocablos técnicos que utiliza y la rapidez con que aparecen otros nuevos. Son numerosas las obras de consulta en el mercado, como ya hemos señalado anteriormente. Con el fin de introducir al alumno en este mundo, proponemos la traducción de dos textos, cada uno en un idioma. Ambos textos, aunque similares no son idénticos. Deben leerse por completo, así como los ejercicios que les acompañan, antes de intentar su traducción.

1.- Summarize what you understand by the following terms:

host processor
input
binary
I/O
proceso de datos
dispositivo
unidad central de proceso

2.- Find out the equivalent in the other language.

3.- Discuss the advantages and disadvantages of the following standard translations:

a: storage: memoria / almacenamiento
b: hardware: equipo físico / hardware
c: I/O: entrada/salida

4.- Translate both passages.

| *Teleprocessing* | *Teleproceso* |
|---|---|
| Teleprocessing is the processing of data received or sent to remote locations by way of communications facilities. A teleprocessing network consists of commmunication lines connecting a central data processing system with remote teleprocessing devices. Such devices can be terminals, control units, or other data precessing systems. The elements of the complete network consist of a host processor (central data processing system), communications lines, other terminals and programming systems. Three of these, the communications control devices, modems, and communications lines, | Un sistema de teleproceso permite que el proceso de datos se efectúe en un punto alejado de aquel en que se originan los datos. O sea, el teleproceso supone una introducción de datos remotos de una computadora o la recepción de datos desde una computadora. Por ejemplo: la función de proceso de datos coordina las actividades de dos fábricas y controla las existencias en un almacén. Se coordina, digamos, el número de componentes producidos en fábrica B con el número de chasis de automóvil en fabrica A, mientras se mantienen los niveles de existencias en el almacén que requiere la |

comprise a *data link*. Requirements for the host processor include multiprogramming capacity, adequate storage capacity, storage protection, adequate speed and potential for expanding storage capacity and speed. It must be able to handle random and unscheduled input, as well as serialized and scheduled input. Communications control devices are hardware components that link the host processor to the communications lines. The transfer of data requires non-information transmissions for setting up, controlling, checking and terminating information exchange. These non-information exchanges constitute data link control. Their functions include synchronization of receiver and transmitter, identification of sender and receiver, code translation and error detection and recovery. For data to be sent over

producción. Un sistema de teleproceso puede desempeñar funciones de transmisión de datos cuando transmite y procesa a alta velocidad grandes volúmenes de datos remotos. Actúa como recolector de datos cuando dispone de varios puntos de entrada de información (terminales), procesa cantidades limitadas de datos remotos y utiliza para fines de entrada y salida de información dispositivos de I/O lentos. Un sistema de comunicación de datos tiene características tanto de recolección como de transmisión y suele incluir varias terminales y permitir comunicación en ambos sentidos. La características del sistema se pueden cambiar dándole un enfoque u otro, según convenga. En un banco, por ejemplo, el sistema de teleproceso puede transmitir, durante ciertas horas del día, información respecto a los estados de cuenta y, después,

communications lines the
data must be converted
(serialized) to a serial stream
of binary digits and
reconverted upon reception
into machine language for
processing. Control devices
perfom these functions.
After the data has been
serialized the binary signals
must be converted to audio-
frequency signals
(modulated) for transmission
and reconverted
(demodulated) at the other
end. One modem is required
at each end of a data link.
The type of terminal used for
handling data flow depends
on the complexity and
capability required for the
network.

puede recolectar de cada
terminal detalles de las
transacciones realizadas.
Más aún, el sistema puede
poseer dispositivos de
pregunta y respuesta.
Los sistemas de teleproceso
cuentan con tres partes
principales: la unidad central
de proceso y las terminales
se unen mediante líneas de
comunicación a través de
dispositivos de control.

## Ejercicios sobre el texto *Costs*

El texto que sigue es de carácter económico. Una cierta familiaridad con el vocabulario y el mundo de la economía es de gran utilidad. En caso contrario será recomendable tener a mano un diccionario de economía, así como leer o escuchar noticias relativas a este campo con el fin de facilitar la labor y disminuir el riesgo de traducciones erróneas, como por ejemplo traducir "the law of diminishing returns" por *"la regla de ganancias disminuidas", en lugar de "la ley de rendimientos decrecientes", o "bonds issued by the firm" por *"fondos emitidos por el negocio", en lugar de "bonos emitidos por la empresa", o "insurance premiums" por *"pagamiento de seguridad", en lugar de "primas de seguros".

- Lee el texto por completo.

- Subraya aquellas expresiones o palabras que dentro del texto crees que pertenecen específicamente al mundo de la economía, tanto si conoces su traducción como si presenta alguna dificultad.

- Resuelve todas las dudas que tengas de vocabulario antes de comenzar su traducir.

- Lee la traducción de los dos primeros párrafos que se ofrece tras el texto *Costs,* y acaba su traducción tratando de seguir el mismo estilo:

A.- **Costs**

The production data described by the law of diminishing returns must be coupled with resource prices to determine the total costs and per unit costs of producing various outputs.

Total fixed costs are those cost which in total do not vary with changes in output. Fixed costs must be paid even if the firm's rate of output is zero.

Such costs as interest or bonds issued by the firm, renta payment, insurance premiums, and the salaries of top management and key personnel are generally fixed costs.

Total variable costs are those costs which increase with the level of output. They include payment for materials, fuel, power, transportation services, most labor, and similar variable resources.

Total cost is self-defining; it is the sum of fixed and variable costs at each level of output.

The distinction between fixed and variable costs is of no little significance to the businessman. Variable costs are those costs which the businessman can control or alter in the short run by changing his level of production. On the other hand, fixed costs are clearly beyond the businessman's control; such costs are incurred and must be paid regardless of output level.

Average costs (per unit costs)

Producers are certainly interested in their total costs, but they are equally concerned with their per unit, or average, costs. In particular, average-cost data are more usable for making comparisons with product price, which is always stated on a per unit basic.

---

Traducción:

## Costes

Los datos relativos a la producción definidos por la ley de rendimientos decrecientes han de relacionarse con el precio de los recursos a fin de determinar los costes totales por unidad de las diferentes producciones.

Los costes fijos totales son aquellos que no varían su capacidad total con los cambios en la producción. Deben pagarse aún cuando el índice de producción de la empresa es igual a cero. Suelen ser costes fijos totales de las acciones u obligaciones emitidas por la empresa, pago de alquileres, primas de seguros y los salarios de la alta dirección y del personal clave.

## Ejercicios sobre el texto *Funciones del dinero*

Siguiendo las indicaciones dadas en el apartado anterior traduce el siguiente texto o parte de él. Presta atención a los términos específicos y a la tendencia que muestra el inglés a servirse de frases más cortas. Comenta tu traducción con otros compañeros. Puede escribirse en la pizarra y sobre ella añadir otras posibilidades para determinadas estructuras o frases.

---

FUNCIONES DEL DINERO

En un estado altamente desarrollado, la necesidad de un medio rápido de cambio es infinitamente mayor: el dinero no es únicamente un modo útil de intercambio, sino una necesidad real para la producción.

Se necesita un instrumento común que permita llevar a cabo las innumerables operaciones de cambio por las que un hombre convierte sus servicios en las artículos que precisa. Sus ingresos son los artículos que consume: las sumas que recibe en forma de salario son aparentemente los medios indispensables para justificar su demanda sobre la existencia de las cosas útiles y agradables, y hacer dicha petición efectiva.

La introducción de una medida monetaria ha supuesto una ventaja para la ética y una conveniencia para el comercio: la mayor mejora en la posición del campesino inglés se produjo con la introducción de un economía monetaria que le permitió calcular lo que se le requería, y que sustituyó los pagos establecidos por demandas arbitrarias por su trabajo o suministros.

La elección espontánea, el acuerdo tácito, sobre un tercer artículo para facilitar el cambio se vería, incluso en los primeros momentos, seguido inmediatamente por el uso del artículo seleccionado como una medida común del valor de las cosas que se iban a cambiar- como un común denominador de valores. Para el sastre sería difícil y tedioso calcular cuanto pan podría obtener por un abrigo. Y cualquier cálculo real debía hacerse en relación con el artículo que solicitase.

Obviamente, puesto que cada transacción supondría un nuevo cálculo, el comercio, tal y como lo entendemos, sería imposible. La dificultad desaparece si se adopta un objeto común como elemento de comparación: cada artículo de cambio se estima en tantos soberanos, tanto ganado, pieles, rifles, o cualquiera que sea el medio de cambio de la comunidad.

La comparación entre los dos artículos es desde ese momento fácil, del mismo modo que la comparación entre longitudes se ve facilitada por el cálculo de las longitudes en yardas y pies. El intercambio ya no se ve obstaculizado como en el caso del trueque. Pero la diversidad de valores entre diferentes ganados, el gran tamaño de las unidades, y el hecho de que no puedan dividirse, así como el elemento especulativo que forma parte de ello- el ganado puede depreciarse al conservarlo, puede incluso ser productivo mientras se guarda: todas estas cualidades harían inadmisible una unidad en una época en la que el cálculo se pretende sea exacto. Necesitamos una unidad de medida tan definida como sea posible. Y nuestro soberano se define físicamente en todos sus aspectos. Todo soberano emitido de la Casa de la Moneda debe tener un peso específico y un grado específico de pureza El Acta de Acuñación dice: "El soberano se define como contenedor de 12327447 granos de oro inglés, de once partes de oro fino y una parte de aleacción, principalmente cobre.

## Traducción de textos comerciales

En la presente sección presentamos una serie de textos relacionados con el mundo de los negocios. Se trata básicamente de cartas o informes, puesto que son el tipo de trabajo que más frecuentemente se solicita y que pueden servir al alumno para adquirir ciertas formalidades que hay que observar y que probablemente no conozca, ni siquiera en su propia lengua.

Antes de iniciar su traducción hay que conocer algunas de las expresiones más comunes en cada una de las lenguas y que no admiten una traducción literal. No vamos a ofrecer un estudio detallado de su estructura porque ello escapa al objetivo de este curso y existen manuales adecuados para su estudio, sino que simplemente vamos a centrarnos en la forma de iniciar y terminar la carta, así como en algunas expresiones de ruego o queja más frecuentes.

**Ejercicios sobre una carta de agradecimiento**

Traduce la siguiente carta de agradecimiento ("a thank-you letter") prestando atención a las siguientes notas- notas que pueden ser de utilidad para cualquier carta formal:

- Las formas de salutación y despedida suelen ser diferentes, así como la forma de comenzar.

- En inglés se suele ir directamente a expresar el motivo de la carta, mientras que el español resulta más elaborado, pues de otro modo se consideraría demasiado exigente o rigurosa.

- Hay gran cantidad de fórmulas y expresiones epistolares en ambos idiomas. En su trabajo, el traductor se irá familiarizando con la redacción de cartas, memos, notas y mensajes que constituyen parte importante de la labor de traducción. Es, por ello, necesario leer cartas en ambos idiomas y de diferente tipo para facilitar su trabajo.

Hagamos un breve repaso de algunas fórmulas:

a) Fórmulas de salutación. En inglés, las cartas, incluso las comerciales, casi siempre se inician con Sir, Madam, Miss, Dear Sir, Dear Madam, Dear Miss o el equivalente en plural; a estas fórmulas puede seguir una coma (,) o dos puntos (:). En español es común iniciar las cartas comerciales con: Estimado/a señor/a, Muy señor/a mío/a; Muy estimado/a señor/a; Respetado señor/a o el equivalente plural, seguido de dos puntos (:).

b) Algunas fórmulas de uso frecuente en inglés y su traducción al español, aplicables a diferentes tipos de cartas son[vi]:

- This is to inform you...:
    - Por la presente me es grato informarle....
        - Me complazco en informarle....
- In reply to your kind letter...:
    - En contestación a su amable carta...
    - En respuesta a su atenta carta
- I have the honor to inform you...:
    - Tengo el honor de informarle...
- It gives me pleasure to send you herewith...:
    - Me es grato adjuntarle....
- I acknowledge receipt of...:
    - Me es grato acusar recibo de ...
- I am writing to you concerning the coming meeting of the Board of Directors.
    - Me pongo en contacto con usted para un asunto concerniente a la próxima reunión de la Junta Directiva.

- Thanks for your letter dated June 20, 1994:
    - Le agradezco enormemente su carta de fecha (fechada el ) 20 de junio de 1994.
- It was very kind of you to look after me during my stay in your city:
    - Mucho le agradezco las finas atenciones que tuvo para conmigo durante mi visita a su ciudad.
    - Tengo en alta estima las atenciones que usted me dispensó durante mi estancia en su ciudad.
- I would be very grateful if you could send me more information...
    - Le estaría muy agradecido si me enviase más información....
- I was very pleased to heard about your visit...:
    - Me fue muy grato conocer acerca de su visita...
- Looking forward to hearing from you:
    - En espera de recibir noticias suyas.
    - Pendientes de sus noticias.

c) Fórmulas de despedida. Hay ciertas diferencias en ambos idiomas, según a quien vaya dirigida la carta, pero el español sigue siendo más elaborado:

- Con las cartas que se inician con Dear (Sir, Madam, Miss), la fórmula más apropiada es:

Yours sincerely, o Yours faithfully, cuyo equivalente sería: Muy sinceramente, Sinceramente, Le saluda atentamente, Le saluda muy atentamente, Se despide muy atentamente.

- En una comunicación diplomática o protocolar prodríamos usar una fórmula como:
- Accept, Sir, the renewed expression of my highest consideration.
- Aprovecho esta oportunidad para reiterarle el testimonio de mi mayor consideración y estima.

O en cartas de la Administración al público, una frase en exceso formal que va dejando paso a otras menos eleboradas es:
- I am, Sir, your obedient Servant,
- Quedo de Usted, su obediente servidor.

Una fórmula de despedida de uso frecuente en español en aquellas cartas en las que se expresa una petición- y que podría encontrar su equivalente inglés en la expresión "Yours sincerely, " es :
- Agradeciendo de antemano este servicio,
            Le saluda atentamente.

O bien: -Pendientes de sus noticias aprovechamos con agrado la ocasión que se nos presenta para saludarle muy atentamente.

Todas estas notas dan idea de la diferencia de estilo que existe entre las dos lenguas y de la necesidad de conocer y saber manejar determinadas fórmulas.

1.- Traduce la siguiente carta.

2.- Intercambia tu versión con la de otros compañeros y añade las diferentes variaciones en las fórmulas que hayas encontrado. Es igualmente importante tener en cuenta las consideraciones sobre puntuación hechas en la sección correspondiente del capítulo 2.

---

Ms. Lori Roberts
Director of Personnel
Johnston Corporation
Austin, Texas 78777                              July 2, 1994

Dear Ms. Roberts:

Thank you for your time and attention during my interview with you last week. I appreciate the opportunity to discuss my qualificacions and aspirations with you.

I hope that all questions were answered to your satisfaction, but, of course, I would be very happy to supply any further information you may need.

I am very interested in the growth potential of the position we discussed, and I hope you will consider me as a serious candidate.

I am looking forward to hearing from you soon.

Sincerely,

Jeanne Nguyen
1730 Green Street
Austin, Texas 78776
(512) 332 552

**Ejercicios sobre cartas comerciales**
A continuación tenemos dos cartas comerciales,
una en inglés y otra en español, ambas con un texto
similar. Se trata de la petición de cierta
información.
1.- Lee las dos cartas por completo
2.- Escribe en una línea el objeto de tal carta
3.- Subraya aquellas expresiones formales cuyo
significado sea igual en ambas lenguas
4.- Traduce ambas cartas utilizando dichas
expresiones y realizando los cambios que sean
necesarios para acoplarlas, sin preocuparte
demasiado por la traducción literal.


OAKLAND SECRETARIAL SERVICES
1986 Aubsbury Avenue
Oakland, CA 96544                    July 3, 1994

Dear Sirs,

We are considering the purchase of electronic typewriters including the ALPHA 1000. There are currently 17 full-time clerk-typists and 6 personal secretaries at the Oakland Office. We expect to purchase new typewriters for typist and secretaries over the next two years.

What is the retail price including delivery of the ALPHA 1000? Are there quantity discounts for orders of ten machines or more? Does ALPHA provide training for personnel? Does the ALPHA Corporation provide a yearly service contract? Can the ALPHA 1000 be used as a printer for common computers?

Please send us price and service information as soon as conveniently possible. We expect to be purchasing new equipment during the next six weeks. Thank you for your assistance.

Sincerely,

---

HOTEL MEDITERRANEO

PANDO VARTAN, S.A.

Avda. de Portugal, 13
001-ZAMORA

Benicasim, 20 de junio de 1994
Muy señores nuestros:
Agradeceríamos que, a la mayor brevedad posible, nos enviaran un Catálogo General de sus fabricados, ya que, próximos a efectuar la renovación de gran parte de nuestro menaje de cocina, desearíamos estudiar la posibilidad de adquirírselo a Vds.

Rogamos, asimismo, especifiquen con el máximo detalle cuanto se refiere a los plazos de entrega, precios, forma de pago, etc..

Pendientes de sus noticias, aprovechamos con agrado la ocasión que se nos presenta para saludarles muy atentamente.

Fdo.: Bernardo Pareja
Director

**Ejercicios sobre una solicitud de trabajo**

Textos concernientes a solicitudes de trabajo son frecuentes y prácticos. Proponemos la traducir una carta en español, solicitando un trabajo, y una instancia en inglés. El objetivo es familiarizar al alumno con el tipo de lenguaje utilizado y la información requerida. Dichos documentos suelen ir acompañados de un Curriculm Vitae, el cual se propone como ejercicio de traducción en el apartado concerniente a traducción de textos académicos. Pretendemos de este modo cubrir aquellas áreas de interés en la vida real para el alumno y profundizar de este modo en el conocimiento de la lengua y los problemas de traducción que surgen con los diferentes tipos de textos

A.- Traducción de la siguiente carta de solicitud de trabajo.

Recuerda que el lenguaje utilizado es formal. Algunas de las fórmulas reseñadas anteriormente pueden servirte:

COASUR. S. A.
Avda. Pintor Sorrolla
26450-MALAGA

Málaga, 20 de junio de 1994

Estimado señor:

Me dirijo a Vds. con motivo del anuncio publicado en el diario "El País" de fecha 19 de junio del presente, en el que requerían una persona para desempeñar el puesto de Auxiliar Administrativo.

Para su conocimiento y consideración, adjunto mi "curriculum vitae" así como los documentos acreditativos de cuanto se expone en el mismo.

En espera de sus noticias, les saluda atentamente,

Fdo.:
Cristina López Guzmán

B.- Traduce la información que se recoge en la siguiente solicitud de empleo:

## APPLICATION C

Please first read the Application Statement on the reverse side. The fill out the application in your own handwriting or printing. Be accurate and complete. Information you give will not be used for purposes prohibited by law.

NAME (First)   (Middle)   (Last)
DATE
SOCIAL SEC. Nº

ADDRESS  (Nº/street)       (City) (State)
(Zip)
PHONE                              HOW LONG?

Birth Age The Age Discrimination in Employment Act of 1967 prohibits discrimination on the basis of age with respect to individuals who are at least 40 but less than 65 years of law.

---

Type of Job Desired     Part -time?
Temporary?
Full-time?          Long-term?

---

If you are not a U.S. citizen:
Type of Visa held?
Authorized to work?

---

If there any time of the day you can not be scheduled for work? If so, indicate and explain why.

---

Federal regulations require government contractors to provide an opportunity for self identification to applicants who are handicapped, disabled veterant or veterans of teh Vietnam era. This information is submitted on a voluntary basis and used only in accordance with the regulation. It will not subject you to adverse treatment. If you wish to self identify, please check.

handicapped
disabled veteran

Vietnam era veteran

___

Describe accommodations needed for you to perfom your job safely and properly.

___

Education
Name of School
Location of School
Date of Graduation
Degree Received
Major Subject (s).
Last Grade or High School
Business and Trade Schools
Colleges and Universities

___

Previous Employment. List all employment with present or last job first. Exclude military service. Include school vacation jobs exceeding one month. If self-employed, state nature of business. Unless you note otherwise, it is understood the Company may contact all those listed.

From      To                Approx.
Mo. Yr.   Mo. Yr.           N° Hrs. Per Wk.
Name & Address of Employer
Nature of Job &
Wage or Salary
Superviser's Name

Reasons for leaving
Have you ever worked for or applied for work
with our Company?

## *Traducción de textos jurídicos y académicos.*

Como aludíamos en la sección correspondiente a
la traducción de textos jurídicos en el capítulo 2,
los problemas de este tipo de textos radican
principlamente en la terminología exacta que hay
que utilizar y en las diferencias de los propios
sistemas jurídicos de los paises de habla hispana y
dentro de los estados de EEUU. Conscientes de
que se trata de un tipo muy específico de
traducción, pero que cada día está cobrando más
fuerza ante la necesidad de contar con intérpretes y
traductores profesionales en este campo,
proponemos dos textos diferentes que podrían
servir como introducción a un curso específico
sobre este tipo de textos, para hacer evidentes
algunas de las dificultades.

En cuanto a los textos académicos, la mayor
dificultad se halla, al igual que en el caso anterior,
en la terminología y en los diferentes sistemas
educativos y formas de evaluar que se ejercen en
los diferentes paises.

## Ejercicios sobre una declaración jurada ("affidavit")

Antes de iniciar la traducción:
- Lee con atención el texto.
- Ten un diccionario jurídico a mano.
- Subraya aquellas frases o palabras que pueden presentar dificultades y trata de averiguar su significado.
- Si es posible, busca un texto similar en inglés para que te ayude en su redacción.

Compara el texto original con la traducción de loq primeros párrafos que hay a continuación para familiarizarte con el lenguaje.

Traduce el texto en grupos prestando especial atención a los nombres, fechas, lugares que se citan o cualquier información relevante para el jurado.

DECLARACION JURADA

COMPARECENCIA. Siendo las 11.00 horas del día 13 de octubre del año en curso, el suscrito AGENTE LUIS CARLOS GALVAN LOPEZ de la Dirección de control de Drogas (DNCD) de la República Dominicana, debidamente juramentado y advertido como corresponde para que se conduzca con verdad en lo que va a declarar e impuesto de las penas y sanciones en que incurren las personas que se conducen con falsedad ante una Autoridad en el ejercicio de sus funciones, declara lo siguiente:

Que el día 12 de octubre del año en curso, participó en una operación de dicha Dirección mediante la cual se detuvo a los integrantes de una banda de narcotraficantes que fueron perseguidos desde Puerto Rico hasta que aterrizaron en Coutí, Republica Dominicana. Fueron apresados los colombianos Germán Eduardo Cárdenas, Jeremías Pérez Aguirre, Pedro Antonio Torres Cantú, y María Cristina Falcón Llorente, así como tres dominicanos, Julio Acosta Bernal, Domingo Garay Pérez, y Anamaría Escobar Casas. En la misma operación se incautó 725 kilos de cocaína pura.

El declarante sigue declarando que la droga era transportada en una avioneta bimotor marca TC-404, de matrícula colombiana 8923 que, después de la acción, fue trasladada a la Base Aérea de San Isidro. Con la ayuda de agentes de la Agencia Antinarcótico de los Estados Unidos (DEA) y de la Guardia Costanera de Puerto Rico, quienes en dos aviones y un helicóptero perseguían a los narcotraficantes desde Puero Rico, la avioneta fue obligada a aterrizar en un aeropuerto del campo de fumigación arrocera de la Secretaría de Agricultura.

El suscrito sigue declarando que los narcotraficantes habían sido detectados en Puerto Rico y los agentes de allí y de la agencia norteamericana se pusieron en contacto con autoridades de la DNCD con el propósito de apresar a los tripulantes de la nave en territorio dominicano. A partir de ese momento la nave colombiana fue custodiada por los dos aviones y el helicóptero hasta su descenso a suelo dominicano en la madrugada del día de ayer. Para hacer aterrizar a los narcotraficantes los agentes del DEA y de la guardia costanera puertorriqueña le hicieron varios disparos. Junto a la aeronave con la cocaina bajó a tierra el helicóptero que la custodiaba, mientras los dos aviones sobrevolaban el área.

El declarante manifiesta además que tan pronto los narcotraficantes fueron detenidos por los agentes del DNCD las dos naves estadounidenses y la puertoriqueña abandonaron el espacio aéreo dominicano. La droga y los detenidos, a los que también se les ocupó un revolver, una escuadra, y dos granadas de mano, fueron trasladadas a Santo Domingo para ser interrogados. Tanto los colombianos como los dominicanos serán sometidos a la justicia por violar la Ley 50-88 que penaliza el tráfico de estupefacientes.

El declarante ratificó su dicho previa lectura que se le dio, firmando al margen y al calce de la presente para su debida constancia. Doy fe.

## Ejercicios sobre A General Waiver Plea

El siguiente texto se caracteriza por poseer un grado de formalidad mayor. El procedimiento a seguir será el mismo que para el ejercicio anterior. Sin embargo, en lugar de dar una traducción, se ofrecen unas notas explicatorias, y el objetivo no es ofrecer una tradución verdadera, sino producir una versión más o menos fiel al contenido del texto inglés y a la forma que requiere en español. Puede traducirse por escrito una parte y el resto traducirlo de forma oral ("sight translation") imaginando que tenemos delante a un hispano parlante que necesita saber qué se dice en el texto.

MUNICIPAL COURT OF MINNESOTA

RAMSEY COUNTY JUDICIAL DISTRICT
GENERAL WAIVER AND PLEA
Case N°-----

I----------------------------understand that I am charged with
--------------------------- on (Date)-----------
I understand the penalties are:
A. Maximum:---------------------------------
B Minimum (if applicable)-------------------

I understand that if I am not a citizen of the United States, a plea of guilty could result in being deported from the United States, excluded from admission to the United States, or denied naturalization as a United Citizen.

I understand that if I am currently on probation or parole for any other criminal offense that such probation or parole could be revoked as a result of my plea today.

**I am aware of and understand the above CONSEQUENCES of my plea....(___)**

By personally initialing the boxes below, I indicate that I understand the following rights and facts, and I expressly give up and waive each right knowingly, intelligently and voluntarily as each applies to this charge or charges.

DEFENDANT TO PERSONALLY INITIAL EACH BOX:

|              | I understand | I give up   |
|              | this right   | this right  |
|              | (initial)    | (initial)   |

1. Right to a speedy and public jury trial........

2. Right to confront and cross examine all witnesses against me........................

3. The right to remain silent and not incriminate myself......................................

4. Right to subpoena witnesses and produce evidence.......................

5. Right to be sentenced by judge: I understand that by giving up this right I stipulate that I may be sentenced by a court commissiones...........................

6.- Right to represented by an attorney at all stages of the proceedings and to have the court appoint one at no charge If I cannot afford my own...................

DEFENDANT TO PERSONALLY INITIAL ONE OF THE TWO BOXES:

REPRESENTED BY SELF: I understand that I have the right to be represented by an attornery throughout the proceedings. I understand that the Court will appoint an attorney for me if I cannot afford to hire an attorney: but at the end of the case I may be asked to pay for all or part of the cost of that attorney, if it is determined that I have the ability. I give up my right to an attorney.

REPRESENTED BY AN ATTORNEY: I have discussed my case with my attorney, we discussed the rights I am giving up by my plea, the elements of the offense(s) charged, the possible defenses and the consequences of my plea.

GENERAL WAIVER AND PLEA

Form 1C (rev.5/88)

All promises, if any, made to me concerning this plea are set forth below:

_____

I have read this document or have had it read for me, and I understand it. I have personally and voluntarily placed the answers in the boxes.
PLEA

> DEFENDANT TO
> INITIAL EACH
> ITEM

1.     Having in mind the nature of the charges against me, as above set forth, the rights I will be giving up, and all the possible consequences of my plea, I desire to plead GUILTY(__) NO CONTEST (____) to those charges (and to admit the prior convictions alleged against me, if applicable)......................................................

2 My decision to enter this plea has been made freely and voluntarily, without threat or fear to me or to anyone closely related to or associated with me...........................................................

3. GUILTY PLEA: I am entering this plea because I am in truth and in fact guilty, and for no other reason......................................................

or

NO CONSTEST PLEA: I understand that for purposes of these preceedings, a plea of NO CONTEST is the same as a guilty plea, having the same legal effect and carrying the same consequences and sanctions, and that upon such a plea the Court will find me guilty. Further, I admit that there is a factual basis for my plea..................
I understand each of the foregoing items. I have initialed appropriate items as proof thereof. I declare under penalty of perjury that the foregoing is true and correct.

Executed this----day of-------, 19-- in Ramsey County, Minnesota.

Defendant's
signature.

---

Comments[vii] This text is a typical waiver from that might be found in any municipal court. Anyone who wishes to plead guilty must fill out and sign such a form. If you interpret for the arraignments calendar, which is perhaps the most common assignment for a court interpret, you may have to sight translate this from dozens of times a day. Therefore, you should have a complete mastery of these terms so that you can interpret them unhesitantingly. We are just considering some, but you should attempt the translation of the whole text.

| Word or Phrase | Translation |
|---|---|
| *General Waiver and Plea* | Renuncia y Declaración Generales |
| *a plea of guilty* | una declaración de culpabilidad |
| *on probation* | en libertad vigilada/condicional* |
| *on parole* | libertad bajo palabra.* |
| *as a result of my plea today* | a consecuencia de mi declaración de culpable hoy.* |
| *I expressly give up and waive..* | Renuncio y abandono... |
| *confront and cross- examine all* | a carearme con todos |
| *witnesses against me..* | los testigos de cargo y .. |
| *subpoena witnesses and produce evidence* | a contrainterrogarlos ordenar la comparecencia de testigos y presentar pruebas. |
| *the elements of the offense(s) charged* | los elementos del delito o delitos imputados. |

| NO CONTEST | NO DISPUTAR/NO OPONERME |
|---|---|
| *admit to the prior convictions alleged against me, if applicable* | admitir cualquier condena anterior que se me impute. |
| *I am entering this plea* | Me estoy declarando culpable/ Presento esta contestación. |

## Ejercicios sobre un *Curriculum Vitae*

El siguiente texto nos presenta un modelo de Curriculum Vitae, parte en español y parte en inglés, con el fin de familiarizar al alumno con el tipo y la forma de información que se da en cada una de las lenguas. La dificultad del texto es menor que en el caso de los textos específicamente jurídicos. Puede ser de gran utilidad para el futuro el conocer textos de este tipo, ya que pueden ser solicitados para conseguir un empleo o poder cursar estudios en un país de habla hispana, o bien por personas que tienen toda su documentación en español y se les requiere su Curriculum Vitae en inglés.

Lee con atención los dos textos y traduce a la lengua correspondiente, de modo que al final tengas un modelo de Curriculum

## CURRICULUM VITAE

---

**APELLIDOS:** ALMENDARLEJO PEREZ
**NOMBRE**: ROSA

**D.N.I:** 18 412 511 X
**FECHA NACIMIENTO**: 2/7/1960
**DIRECCION PARTICULAR:**
C/ CONCORDIA, 5-1º-D
**CIUDAD:** VALLADOLID                **DISTRITO**
**POSTAL:**19001
**TELEFONO** (954) 332245
**ESPECIALIZACION (CODIGO UNESCO):**
H004 / II356

---

**FORMACION ACADEMICA**
LICENCIATURA/ INGENIERIA
CENTRO
FECHA

---

Licenciada Filosofia yLetras
Univ. de Valladolid (Filología Hispánica)
1981
Tesis deLicenciatura
Univ. de Valladolid
1982

TOELF
U of Minnesota (EE UU)
1990
DOCTORADO
Doctor Fil Y L
Univ. Complutense
1991
DIRECTOR(ES) DE TESIS

---

ORGANISMO: Universidad Complutense
FACULTAD, ESCUELA o INSTITUTO: Filosofia
Y Letras
DEPT./SEC./UNIDAD ESTR.: Filología Hispánica
CATEGORIA PROFESIONAL: Ayudante De
Universidad.
FECHA DE INICIO: Septiembre. 1993
DIRECCION POSTAL: C/ Colegios, 2
28801- Madrid
TELEFONO: (91) 885 50 02
Nº FAX: (91) 885 50 05
PLANTILLA
OTRAS SITUACIONES (ESPECIFICAR):
CONTRATADO          X
DEDICACION:
A TIEMPO COMPLETO          X
A TIEMPO PARCIAL
BECARIO

---

**EMPLOYMENT**
1991 / -: Assistant Professor, University of Alcalá de Henares, Madrid.
1990 - 1991: Associate Teacher, University of Alcalá de Henares, Madrid.
1986 -1990: High School Buero Vallejo, Madrid, Spain.
1984 -19986: Technical School Mario Grande, Madrid, Spain.
1981 - 1986: High School Saint Thomas, Valladolid, Spain.

**TEACHING**
1993 -1991: Doctoral Courses on Literary and Technical Translation. Theory and Practice.
1993 - 1990: Courses on : Spanish Phonetics and Phonology
                    History & Culture of the Spanish- speaking Countries
                    Spanish as a Second Language for Beginners and Intermediate Level.
                    Literature from the Golden Age.
1990 - 1981: Spanish Language and Literature , Art and History at different High Schools.

**RESEARCH INTEREST**

Aplicaciones 199

Translation Theory and Practice. The Teaching of Translation. Translation Criticism. Literary Translation from English into Spanish, and from Spanish into English. Problems in Technical Translation. Constrained Translation (humor, comics, songs, dubbed and subtitled films, etc.). Translation and Adaptation in Children's Literature.

**AWARDS**
1993 University of Alcalá de Henares Foreign Study Fellowship.
1990 Spanish Ministry of Science and Education Foreign Study Fellowship, University of Edinburgh, England.
1981 International University of Menedez y Pelayo University Fellowship, Santander, Spain.
1976 - 1981 Spanish Ministry of Science and Education Fellowship.

**RELEVANT REFERENCES**
Almendralejo Pérez, R. "Comic Strips on Translation". *Proceedings to the International Conference on Humor and Laughter*. Luxembourg: ISSH., 1994.
Almendralejo Pérez, R. "Feminist Discourse and Translation. Some Poems Translated". *Turia*, Teruel , March, 1994.

Almendralejo Pérez, R. "Methodological Proposal for the Assessment of Translated Literary Works". *Babel,* 1993

Almendralejo Pérez, R. "The Mother Tongue as an Strategy Neglected in the Adquisition of a Second Language". *ESP Studies,* 1992.

Almendralejo Pérez, R. "Translating for Children". *Atlantis,* 1990.

**Ejercicios sobre An Official Transcript of University Records.**

De acuerdo con las explicaciones dadas en la sección correspondiente del capítulo 2, traduce el siguiente texto referido al título de Doctor en Filosofía y Letras otorgado por una Universidad española, consultando el fragmento que se ofrece en ambas lenguas, con el fin de familiarizarse con el lenguaje utilizado. Recordemos que este tipo de traducciones de informes académicos oficiales, en España se llevan a cabo por intérpretes jurados que poseen un certificado oficial otorgado por el Ministerio de Asuntos Exteriores que da validez a su firma. De otra forma no son considerados como documentos válidos.

En el inicio de un documento de este tipo leemos:

*Yo, Rosa Clemente García, Intérprete Jurado del idioma de inglés por nombramiento del Ministerio de Asuntos Exteriores del Estado Español,*
   *CERTIFICO:*
*Que el presente documento, que lleva mi firma y el número 67/432 de mi protocolo, es traducción fiel, a mi lear saber y entender del Documento Adjunto del mismo número y firma.*
*Y para que así conste, firmo en Madrid a 25 de Julio de 1992*

El texto inglés quedaría del siguiente modo:

*I, Rosa Clemente García, Certified Translator of the English Language by appointment of the Spanish Ministry of Foreign Affairs,*
*CERTIFY*
*That the document bearing my signature and the number 67/432 of my record, is a true and faithful translation, to the best of my ability, of the attached Document, bearing the same number and initials.*
*In the testimony whereof, I set my hand in Madrid on the 25th of July, 1992.*

Traduce el siguiente texto:
   JUAN CARLOS I, REY DE ESPAÑA
          y en su nombre

## EL RECTOR DE LA UNIVERSIDAD DE ZARAGOZA

Considerando que, conforme a las disposiciones y circunstancias previstas por la legislación vigente, DOÑA PILAR MONTERO SALAS nacida el día 2 de julio de 1960 en Barcelona, de nacionalidad española y Licendiada en Filosofía y Letras el día 10 de diciembre de 1985 por la Universidad Complutende de Madrid, ha hecho constar su suficiencia en esta Universidad el día 2 de marzo de 1990 con la calificación de APTO "CUM LAUDE", expide el presente título de

DOCTOR EN FILOSOFIA Y LETRAS
(División de Filología, Sección de Filología Hispánica)

con carácter oficial y validez en todo el territorio nacional, que faculta a la interesada para disfrutar los derechos que a título otorgan las disposiciones vigentes.

Dado en Madrid, a 10 de diciembre de 1994
El interesado          El Rector                    El Jefe de
                                                                   Sección

# Notas

[i] Ejercicios de este tipo puede hallarse en el libro de Marina Orellana *La traducción del inglés al castellano. Guía para el traductor.* Santiago de Chile: Editorial Universitaria, 1986, p. 234, de donde hemos tomado algunas referencias.

[ii] Ejercicios adaptados de la obra de Marina Orellana, ob. cit. pp. 48ss.

[iii] Ejercicios adaptados de la obra de M. Orellana, ob.cit.p.234ss.

[iv] Ilie, Paul. *La novelística de Camilo José Cela,* Madrid: Gredos, 1971:40 y 44.

[v] *The Family of Pascual Duarte,* translated by A. Kerrigan, 1964, Avon Books, New York., 2nd. 1972. Spanish edition originally published by Editorial Aldecoa, Madir-Burgos, copyright 1942.

[vi] Las traducciones ofrecidas son indicativas y puede haber variaciones

[vii] Ejercicios adaptados de la obra de Holly Mikkelson *The Interpreter's Edge.*

## Capítulo 4

## EJERCICIOS COMPLEMENTARIOS

El vocabulario es uno de los elementos principales con los que trabaja el traductor. No lo es todo, pero es imprescindible dominar gran cantidad de vocablos, frases y giros que le permitan redactar con precisión y soltura textos distintos y en diversos niveles de expresión. Debe estar siempre adquiriendo nuevos vocablos, y guardarlos en su memoria. Leer sobre temas variados y servirse del diccionario le ayudará a ampliar su vocabulario y a manejar con mayor soltura el idioma en los diversos niveles lingüísticos y de comprensión. No es lo mismo traducir un texto para el uso de los empleados de una fábrica, que ese mismo texto para el equipo directivo de la empresa, o un texto para ser leído por una autoridad ministerial o para ser publicado en una revista especializada.

Cualquier medio es bueno para adquirir más vocablos que pueden ser de gran utilidad en el futuro, incluso leyendo los carteles colocados en las calles o los anuncios que leemos en el metro, los museos o el autobús. Y si dispone de tiempo, el traductor debe leer antes de traducir sobre el tema de que se trate el texto. Todo ello le ayudará a proceder con flexibilidad y buen criterio en la selección de vocabulario y en la expresión de las ideas, sin olvidar el destinatario del texto traducido, a la vez que incrementará su dominio de la lengua.

### *Vocabulario y expresiones comunes en español*

De acuerdo con dichas consideraciones, proponemos algunos tipos de ejercicios, con el fin de profundizar en el vocabulario de la otra lengua y a llamar la atención sobre detetminados vocablos que aparecen con frecuencia y que son muy útiles, pero cuyo uso abusivo revela pobreza de sinónimos, pereza mental o imitación ciega del inglés, en el caso del español.

A.- "Hacer" es uno de los verbos del que se abusa constantemente y, sin embargo, posee gran cantidad de sinónimos (fabricar, construir, organizar, cocinar, etc.). Lee los siguientes ejemplos y ofrece otra versión sustituyendo el verbo "hacer" por un sinónimo e introduciendo otros cambios que creas necesarios:

1 Se hizo una exhaustiva campaña de información sobre el SIDA.

2 Según las últimas investigaciones, el invento de la rueda se hizo en Oriente. Medio hace cinco mil o seis mil años.

3 La firmeza del Gobierno hizo que los sindicatos hicieran una campaña contra la subida de los impuestos.

4 La cantidad de agua caída hace imposible una valoración completa de los daños.

5 La contaminación hace que el aire sea irrespirable.

6 El gobierno hace constantes esfuerzos por bajar la tasa de desempleo.

7 La falta de una red de comunicaciones hace que el transporte por carretera sea penoso.

8 Ante el aumento de la delincuencia se hace imperioso diseñar un plan de actuación.

9 El hecho de tratarse de una enfermedad nueva hace que exista muy poca información sobre su posible cura.

10 El éxito del film hizo que su taquilla batiera todos los records.

B.-"Existe" y "hay que" son dos sinónimos cuyo uso frecuente demuestra poca habilidad en la redacción- otro de los elementos que el traductor debe manejar con soltura y practicar con frecuencia. Ofrece otra versión de los siguientes párrafos, sustiuyendo el verbo "existe" o la forma impersonal "hay que" por un sinónimo y redactando de nuevo el texto:

1          Existe una inercia de las instituciones a tolerar ciertas costumbres perniciosas que impiden el progreso adecuado.

2          Hay diversas repercusiones que derivan de un hecho tan simple.

3          No hay resultados disponibles todavía.

4          Hay secciones del hospital que permanecen cerradas durante el verano.

5          Existe el temor de que se derrumbe el edificio.

6          Hay la esperanza de que se salve.

7          Hay estudios sobre la recepción de la vacuna.

8          Existen determinados productos que aceleran la descomposición de dichas sustancias.

C.- Para poder establecer relaciones entre las ideas utilizamos frases o expresiones que le dan a la oración un significado preciso. Sin embargo, no siempre se elige la forma o el sinónimo adecuado y se cae en la repetición indiscriminada. Un ejemplo podemos hallarlo en "a través de", que significa "por entre", pero que se utiliza como sinónimo de "por", "mediante", "por conducto de", "durante", "en", etc.. Lee las siguientes oraciones y cambia dicha expresión por otra más adecuada:

1        Como se desprende a través de un informe del Banco Central,....

2        El director de la empresa parece haber trabajado a través de toda su vida en aquello que le gustaba.

3        La forma de trabajo es a través de pequeños grupos.

4        Me he enterado a través de una llamada telefónica....

5        La noticia fue divulgada a través de la autoridad pertinente.

D.- "en términos de", con el significado de "en función de", se ha convertido en una frase de uso común en ambos idiomas, pero sin duda pueden hallarse otros sinónimos que ayudarán a conseguir una mejor redacción. Lee los siguientes ejemplos y sugiere otra alternativa:

1        Las soluciones se toman en términos de su posible repercusión en el ambiente.

2        Se avecinan dificultades en términos de alojamiento y transporte.

3        La política monetaria del gobierno se centra en mantener el valor real del peso en términos de dólares.

4          Esta expedición supone enormes inversiones en términos de recursos físicos.

5          La deuda en términos de dinero asciende a un total de diez millones.

E.- Otro tipo de ejercicio que puede servir de práctica para mejorar el dominio de ambas lenguas, puede ser la traducción de frases cortas sobre determinados vocablos que no coinciden en todos sus significados. Aunque somos conscientes de que para traducir adecuadamente hace falta tener siempre un contexto que nos acerque a la realidad, creemos que puede ser un recurso válido en la primera toma de contacto con el mundo de la traducción. El siguiente ejercicicio que proponemos es la traducción de una serie de frases que en español llevan el verbo "saber", pero que en inglés no siempre se ajusta al significado de "to know":

1    ¿Te sabe mal el pescado?.

2    Sabe a ajo.

3    Saben hablar chino.

4    ¿Sabes de alguien que venda una moto?.

5    Lo sé todo.

6    Me alegra saber que estás bien.

7    No sabía que supieras cantar ópera.

F.- Traduce las siguientes expresiones:

1   He plays the piano.
2   She plays a very important role.
3   I play the part of Hamlet.
4   She touched my face.
5   He is a gambler.
6   I knocked at the door.
7   It's your turn.

## Vocabulario y expresiones comunes en inglés

Al igual que en español, en inglés también se observa la repetición de determinados vocablos y estructuras. Algunas de ellas son utilizadas incluso por hablantes de la otra lengua en círculos profesionales o académicos, en lugar de su correspondiente vocablo español. No es difícil escuchar en una conversación en español algunas de estas palabras en moda o "in-words", que el traductor debe conocer con su equivalente. Por ejemplo: "background": antecedentes, formación académica, títulos y experiencias; "approach: enfoque, procedimiento, método, sistema; "boomerang effect": efecto de rechazo, efecto de rebote, efecto (acción) contraproducente; "feedback": retroalimetación, retroacción, intercambio de información, ideas o experiencias; "panel discussion": mesa redonda; "overview":

visión general, cuadro panorámico; "pattern":
pauta, patrón, modelo, modalidad; etc.

La presencia de determinados adjetivos y
adverbios es también evidente en documentos y
reuniones. Sin embargo, su traducción a veces
exige un término diferente. Por ejemplo:
"appropriate": apropiado, adecuado, apto,
pertinente.

A.- Traduce las siguientes frases al español:

1   the appropriate authority;
2   the appropriate committee;
3   the appropriate policy;
4   desirable attainment;
6   profitable business;
7   profitable price;
8   reliable information;
9   reliable witness;
10  reasonable price;
11  reasonable excuse;
12  unuasually quiet;
13  he consistently arrived late.

B.- Una serie de frases que ayudan a enlazar
conceptos y a redactar con comodidad se hallan
presentes con frecuencia en documentos y
reuniones. A continuación ofrecemos algunas, con
su equivalente en español, y el alumno deberá

escribir una frase en inglés y su correspondiente en español:

1 according to: conforme a, de conformidad con, con arreglo a, según.

2 as provided for: como se prevé, como está previsto.

3 as concers: respecto a, en lo que respecta a, en lo concerniente a.

4 by degree: progresivamente, gradualmente, poco a poco.

5 for further consideration: para estudio posterior.

6 for sure: sin falta.

7 in accordancewith: de conformidad con, conforme a.

8 in advance: con anticipación, con antelación.

9 in witness thereof: en fe de lo cual

10 on approval: previa aprobación.

11 on the whole: en general, por lo general, en conjunto, en su totalidad.

12 provided that: siempre que, a condición de que.

13 under the provisions: en virtud de las disposiciones, conforme a las disposiciones.

14 within the scope of: dentro del marco de, dentro del campo de aplicación o alcance.

15 within the time fixed:     en     el     plazo determinado.

C.- Hay vocablos de uso muy frecuente en inglés que pueden plantear problemas al traductor sino posee un dominio del vocabulario y de sinónimos aceptable, p.e. "to get", "to take", "to need", etc. Traduce las siguientes oraciones al español:

1  He took two pills for his cough.
2  They will take the bus.
3  It doesn't take much time.
4  The plane took off at 3.30 p.m..
5  He took along another coat.
6  She took off her shoes.
7  I need to spend some time in Spain.
8  He didn't appear in the party.
9  He appeared before the judge.
10  The child appear sad
11  It looks like a whale.
12  He looks like his father.
13  John and Peter look alike.
14  I don't remember his name.
15  It reminds me of her.
16  They agree to get together.
17  We're in agreement.
18  Garlic doesn't agree with me.
19  I came with an agreement with them.
20  They are in disagreement.

## *Cuestiones de estilo*

El estilo es de una gran importancia, sobre todo en la traducción literaria, y los efectos y los recursos estilísticos merecen una atención especial ya que al traductor le interesa tener en cuenta los niveles y géneros del lenguaje al efectuar la transferencia entre las dos lenguas. No vamos a profundizar en este campo porque escaparía al objetivo trazado y porque necesitaríamos un libro completo para tratar cuestiones relativas a este aspecto. Una aproximación al estilo puede iniciarse considerándole como un conjunto de probabilidades contextuales, ya que el contexto es más fácilmente accesible a la observación y al análisis objetivo que el significado, teniendo en cuenta que todo análisis estilístico se basa principalmente en la confrontación de un texto con una norma relacionada contextualmente.

El estilo podría describirse como la utilización individual y creativa de los recursos de la lengua en un texto determinado, dentro de una época, una lengua, un género y un propósito. ¿Qué debe aprender el traductor para poder reaccionar y reproducir estos estímulos textuales?. Evidentemente debe conocer la lengua a un nivel que le permita distinguir diferencias en su uso, así como las diferencias y similitudes entre las dos lenguas y saber si estas diferencias se deben a distancias temporales o espaciales, a diferencias entre ambas culturas o a la intención del autor. Debe aprender a reaccionar ante los rasgos literarios del texto, al igual que el nativo, y saber dotar de esa misma cualidad su texto con el fin de producir el mismo efecto.

El estilo puede analizarse en diferentes niveles. El punto de partida más práctico puede ser el examinar las frecuencias de determinados elementos lingüísticos o el uso del vocabulario. A la hora de traducir un texto será, por ello, de gran importancia conocer al autor, su obra y las características de su estilo, que sin duda encontrará reseñadas en más de un artículo si se trata de un escritor famoso como el que proponemos, y con el que ya hemos trabajado anteriormente: J. Heller y su novela *Catch 22,* cuya segunda parte acaba de publicarse bajo el título de *Closing Time.* Reproducimos el final del último capítulo. Se trata de un diálogo, lleno de dinamismo y frases cortas, entre Yossarian y el comandante Danby. El hecho de haber trabajado con dicho autor en la sección dedicada a la traducción literaria y haber profundizado en su estilo nos permite ahora intentar la traducción de dicho diálogo sin tener que leer la obra de nuevo, requisito imprescindible para tdo traductor antes de iniciar su labor.

En cuanto al texto en sí, Yossarian, en estos momentos finales, parece conseguir su objetivo: sobrevivir a la guerra; no tiene otros ideales en un mundo de valores corrompidos que se divide entre sinvergüenzas que prosperan y cuerdos que enloquecen de impotencia.

El texto no reviste en sí una gran dificultad, pero puede plantear ciertos problemas con algunas expresiones y el tono del diálogo.

El ejercicio consiste en la traducción y comparación de las diferentes versiones producidas con el fin de contribuir al enriquecimiento del vocabulario y expresiones que se produzcan. Varios son los pasos que consideramos apropiados:

- Comentarios en clase sobre el autor, época, estilo, buscar sinónimos para determinadas expresiones en inglés, etc.

- Subrayar partes del texto y proporcionarles una explicación sobre ellas o incidir en que les presten especial atención y que escriban, al final, un comentario sobre el modo en que las resolvieron y sobre cualquier otra dificultad que hayan encontrado, así como decidir a quien va a ir dirigido el texto.

- Una vez que todos han leído el texto e intentado producir un primer borrador, tener una puesta en común de sus hallazgos y problemas, traduciendo algunos frases o expresiones de diversa forma.

- Cada alumno entregará una traducción acompañada con las notas y se puede llevar a cabo una lectura de varias de ellas.

Digamos una vez más que tanto las indicaciones como la traducción ofrecidas son orientativas.

Major Danby regarded Yossarian in silence, with a strange, sad smile. He has stopped sweating and seemed absolutely calm. "What would you do if I did try to stop you?" he asked with rueful mockery. "Beat me up?"

Yossarian reacted to the question with hurt surprise. "No, of course not. Why do you say that?"

"I will beat you up," boasted the chaplain, dancing up very  close to Mayor Danby and shadowboxing. "You and Captain Black, and maybe even Corporal Whitcomb. Wouldn't it be wonderful if I found I didn't have to be afraid of Corporal Whitcomb any more?"

"Are you going to stop me ?" Yossarian asked Major Danby, and gazed at thim steadily.

Major Danby skipped away from the chaplain and hesitated a moment longer. "No, of course not!" he blurted out, and suddenly was wavinG both arms toward the door in a gesture of exuberant urgency "Of course Y won't stop you. Go, for God's sake, and hurry! Do you need any money?"

"Y have some money."

"Well, here's some more. "With fervent, excited enthisuasm, Major Danby pressed a thick wad of Italian currency upon Yossarian and clasped his hand in both his own, as much to still his own trembling fingers as to give encouragement to Yossarian. "It must be nice to be in Sweden now," he observed yearningly. "The girls are so sweet. And the people are so advanced."

"Goodbye, Yossarian," the chaplain called. "And good luck. I'll stay here and persevere, and we'll meet again when the fighting stops."

"So long, Chaplain. Thanks, Danby."

"How do you feel, Yossarian?"

"Fine. No, I'm very frightened."

"That's good," said Major Danby. "It proves you're still alive. It won't be fun."

Yossarian started out. "Yes it will."

"I mean it, Yossarian. You'll have to keep your toes every minute of every day. They'll bend heaven and earth to catch you."

"I'll keep on my toes every minute."

"You'll have to jump."

"I'll jump."

"Jump!" Major Daby cried.

Yossarian jumped. Nately's whore was hiding just outside the door. The knife came down, missing him by inches, and he took off.

*Catch 22* by Joseph Heller, 1955.

## *Traducción de metáforas*

Este apartado, y sobre todo el siguiente, tienen un carácter más teórico y su finalidad, aparte de incidir en cuestiones relativas principalmente a la traducción literaria, es mostrar un tipo de trabajo que puede servir para dar ideas sobre el posible proyecto final de curso que los alumnos deben realizar.

Uno de los recursos literarios que más contribuye a la esteticidad de los textos es la metáfora, figura literaria a la que cada vez se le dedican mayor número de estudios. Es, también, uno de los recursos más importantes en poesía, aunque cabría advertir que este interés de los críticos por la metáfora se lleva a cabo en detrimento de las demás figuras y de otros tropos, que pasan con frecuencia inadvertidos o no se les presta la debida atención a pesar de que también

contribuyen considerablemente a dotar al texto de una estética o de un estilo determinado. Para estudiar la forma de traducir la metáfora, en primer lugar, tendremos que analizar su estructura, como funcionan y cuál es la impresión que poduce en el lector. Esto requiere analizar cada caso concreto en su contexto, es decir, dentro del texto a que pertenece. Entre los estudios llevados a cabo podemos citar a P. Newmark[i] . En dicho artículo indica los diferentes tipos de metáforas que podemos encontrar ("dead metaphors", "cliché metaphors", "stock metaphors", "recent metaphors" y "original metaphors") y propone los siguientes procedimientos para traducirlas:
- Reproducir la misma imagen en la lengua de llegada;
- Traducir la imagen del texto original por una imagen estandard en la lengua de llegada que no desentone con su cultur, por ejemplo, en el caso de los proverbios, modismos, eufemismos, etc.;
- Traducir la metáfora por un símil, conservando la imagen,
- Traduccir la metáfora por un símil acompañado de una cierta ampliación de significado;
- Traducir la metáfora a través de una explicación de su significado;

- Suprimir la metáfora- si la metáfora es redundante o inncesaria- y si no constituye un rasgo estilístico del autor;
- Conservar la misma metáfora combinada con una explicación de su significado.

Newmark centra sobre todo su interés en lo que podríamos llamar "la vitalidad de la metáfora". Otros autores centran su atención en otros aspectos. Digamos, por ejemplo, que K. Mason[ii], añade un nuevo tipo de metáfora a las ya señaladas por Newmark. Mason siguiendo unos presupuestos similares indica que podemos encontrar metáforas "dead", "cliché", "stock", "recent", "original" y "permanent".

Ya Charles Bally, en su obra *Traité de stylistique française*[iii]divide las metáforas en:
- Concretas
- Afectivas
- Muertas.

S. Ullmann en *Language and Style* (1964) y G. Leech en *A Linguistic Guide to English Poetry* (1969), tomando como base el término significante de la metáfora, distinguen metáforas:
-" Concretive
- Animistic
- Humanizing
- Synaesthetic".

Y Dagut (1980)[iv] clasifica a las metáforas según su historia y habla de metáforas:
- "Ephemeral".
- "Those metaphors that reamin as they began".
- "Those metaphors that became part of the established semantic stock of the language".

El autor trata de huir de otras clasificaciones más confusas como "habitual", "moribund", "dormant", "well-known", "lexicalized", "new", "true", etc..

En su artículo posterior "More about the Translatability of Metaphor" (1987)[v], incide principalmente sobre aquellas metáforas que por causas culturales resultan imposible de conservar, a no ser que se dé una explicación en la lengua de llegada, o bien se destruyen; y por otro lado, alude a metáforas que son difíciles de traducir por causas léxico-semánticas, puesto que la metáfora en el sistema de la lengua de llegada supone una violación de su sistema semántico, la cual debe ser reproducida en el texto traducido, puesto que, evidentemente, no se halla un equivalente en el sistema de la LL.

Entre ambos casos hay un gran campo de metáforas que pueden traducirse gracias a las congruencias léxicas y culturales entre ambos sistemas. La conclusión a la que llega es la siguiente: "What determines the translatability of an

ST metaphor is not its "boldness" or "originality" (how, incidentally, would these be measured?), but rather the extent to which the cultural and lexical matrices in which it is set are shared by speakers of the particula TL".

Podríamos seguir hablando sobre la traducción de la metáfora y las diferentes soluciones y opiniones al respecto, pero las notas anteriores pueden servir como guía para intentar traducir, y sino, al menos comparar y analizar su traducción en un poema y entrar en contacto con las dificultades que ello plantea. Antes de aceptar dicho reto, veamos algunos ejemplos, no sin antes volver a comentar que es necesario conocer el texto completo para poder trabajar en su traducción. Sin embargo, dadas las características de este apartado nos limitaremos a ofrecer algunos ejemplos sacados de su contexto y que pueden servir de orientación para un trabajo de este tipo:

"Tristessa, the very of romantic dissolution, necrophilia incarnate" (*The Passsion of New Eve* de Angela Carter, traducido por Matilde Horne[vi]). En español tenemos: "Tristessa, el alma misma de la disolución romántica, la encarnación de la necrofilia".

La traductora ha conservado la misma metáfora pero siriviéndose de varios procedimientos[vii]. Hay modulación de más general a más específico: "type" = "alma", y también inversión de términos: el concepto "incarnate" está expresado por un postmodificador en la versión inglesa, y en la española por un nombre, que es el núcleo del grupo nominal.

Veamos otro ejemplo:

"Meanwhile, Hester Prynne, was standing beside the scaffold of the pillory, with the scarlet letter still burning in her breast!" (*The Scarlet Letter* de N. Hawthorne, 1850, cap. XXIII).

Dicha novela cuenta con diversas traducciones en español [viii] y los diversos traductores han trasladado la metáfora de la siguiente forma:

- "con la letra abrasando aún su corazón" (traducción de A. Sellén, 1989);
- "con la letra escarlata sobre el pecho" (traducción de Ediciones Alba, 1942);
- "con la abrasadora letra escarlata sobre el pecho" (traducción de Baeza martos, 1946);
- "¡con la letra roja abrasándole en el pecho todavía!" (traducción de A. Ruste, 1952);
- "con la letra escarlata ardiendo aún sobre su pecho" (traducción de A. Muñoz, 1963);
- "con la letra escarlata quemándole el pecho" (traducción de Pilar y José Donoso, 1979);

- "con la letra roja abrasándole el pecho" (traducción de J. Acerete, 1972);
- "¡con la letra escarlata aún ardiendo en su pecho!" (traducción de M. Misiego, 1977);
- "con la abrasadora letra escarlata sobre su pecho" (traducción de R. C. Pérez, 1977);
- "con la letra escarlata ardiendo en su pecho" (traducción de S. A. de Promociones y Ediciones, 1985).

Como vemos la mayoría de los traductores han optado por conservar la metáfora con la misma imagen. Y únicamente dos traducciones, la de A. Ruste y la de M. Misiego, han tratado de conservar el énfasis puesto por el autor en el texto original a través de los signos de admiración, énfasis que se logra de otro modo en la versión de F. Sellén al introducir "corazón", en lugar de "pecho". Y hay una versión, la publicada por Ediciones Alba, de traductor desconocido, que suprime la metáfora.

Siguiendo las indicaciones anteriores y los ejemplos expuestos, proponemos llevar a cabo un análisis de las metáforas y procedimientos que han utilizado los traductores del poema de García Lorca *Romance sonámbulo* que hemos visto en el capítulo 3, en la sección correspondiente a compensación.

Una vez comparados los procedimientos utilizados y los resultados obtenidos, podría intentarse la traducción de la estrofa siguiente de dicho poema con el fin de comprobar las dificultades del traslado de este tipo de textos a otra lengua.

Verde que te quiero verde.
Grandes estrellas de escarcha
vienen con el pez de sombra
que abre el camino del alba.
La higuera frota su viento
con la lija de sus ramas, y el monte, gato garduño,
eriza sus pitas agrias.
¿Pero quién vendrá?¿Y por dónde?...
Ella sigue en su baranda
verde carne, pelo verde,
soñando en la mar amarga.
(García Lorca, *Romance sonámbulo*).

## Crítica de textos traducidos

Con el fin de abarcar las distintas áreas que componen los Estudios de Traducción, así como la posibilidad de utilizar el análisis y crítica de obras traducidas como medio para profundizar en el conocimiento de la segunda lengua, iniciamos un breve recorrido sobre los elementos que el crítico de una obra traducida debe tener en cuenta antes de emitir un juicio sobre su calidad.

La obra elegida en este caso es *El otoño de patriarca* (OP) (1975) de Gabriel García Marquéz y su traducción al inglés por Gregory Rabassa, bajo el título de *The Autumn of the Patriach (AP)* (1976). Hemos elegido esta obra por la importancia de dicho autor hispanoamericano dentro de la literatura hispana y por su prestigio internacional, Premio Nobel de Literatura, lo cual hace que sea uno de los autores que suele estudiarse dentro de los departamentos de español y sobre los que no es difícil encontrar sus obras y crítica sobre su producción y estilo.

La novela parte de una imagen simple como todos sus libros. Es, según el propio Gabriel García Márquez (G.G.M.), la imagen de un dictador inconcebiblemente viejo que se queda solo en un palacio lleno de vacas. Pero en torno a esta imagen el autor traza toda una malla de preguntas que hallan respuesta en contra de la lógica del lector y de la historia gracias a la lógica de la ficción que avanza y retrocede, va un paso hacia adelante y otro hacia detrás. En suma, *El otoño del patriarca* es- como apunta Oscar Collazos (1983:205)[ix]- "una reflexión sobre el poder traducida en imágenes".

Hay también una cuestión de estilo. El mismo autor reconocía cuando estaba escribiendo el libro que era "un libro difícil de escribir" porque quería que fuese "un gran poema sobre la soledad del poder". Y había que escribirlo como se escriben los versos, es decir "palabra a palabra" (Rentería 1979:58)[x]. Se produce, pues, un cambio desde una forma y un lenguaje narrativo fácilmente comprensible y traducible en otras lenguas hacia una forma y lenguaje específicos de la poesía, exigiendo una lectura predominantemente poética y simbólica en la que se alternan el estilo directo e indirecto como base a una sucesión vertiginosa de analogías, alegorías y símbolos con un gran dominio del plano metafórico y gran asiduidad de la hipérbole, ya sea lírica o humorística (Bell-Villada 1990:152)[xi]. A ello se suma la abundancia de recursos estilísticos que denota un gran manejo de la lengua literaria: alternancia de tonos y voces sin transición alguna, reiteraciones, imágenes y formas rítmicas adaptadas, inserción de canciones y versos, referencias a la tradición oral y cultural, uso de un lenguaje profano opuesto a pasajes de gran musicalidad, deslizamiento hacia la ironía, hipérbole, etc. Estos son algunos de los retos con los que debe enfrentarse el traductor y que he preferido resaltar antes de pasar al estudio textual propiamente dicho, puesto que el análisis del texto original (TO) es siempre preceptivo para su traducción.

No vamos a entrar en consideraciones metodológicas porque alargaría en exceso este trabajo. Unicamente mencionar que nuestro marco de análisis es un mecanismo bi-direccional que consiste en compara unidades textuales del TO con sus correspondientes formales en texto meta o texto de llegada (TM) y, a partir de ahí contrastar las unidades reales del TM con aquellas obtenidas en el análisis previo del TO. Es una comparación parcial puesto que nos centramos principalmente en los aspectos "problemáticos" que son, a su vez, los más fiables repecto a la jerarquía relacional y al grado de equivalencia subyacente. Nuestra atención se va a centrar principalmente en dos puntos: por un lado, la coherencia y cohesión tanto de elementos no-estructurales como estructurales y, por otro lado, la situacionalidad, que se refiere a aspectos sociolingüísticos del texto. Los datos obtenidos en la comparación de dichos aspectos servirán para determinar el grado de equivalencia subyacente.

García Márquez al hablar de las traducciones de sus obras se mostraba satisfecho de la versión inglesa de *Cien años de soledad* y no tanto de la francesa. Gregory Rabassa había recibido el premio National Book Award en 1967 por la traducción de la novela de Cortázar *Rayuela*. Por aquel entonces se había traducido al inglés la obra de G.G.M. *El coronel no tiene quien le escriba (*1961), pero el autor no se hallaba satisfecho con el resultado, y, tras leer la versión de *Rayuela,* le pidió a su editor que consiguiera que fuese Rabassa quien tradujera *Cien años de soledad.* Rabassa, profesor de lenguas románicas en el Queens College de Nueva York, aceptó el encargo tras cumplimentar unos compromisos anteriores que le llevaron un año. La espera, sin duda, mereció la pena y al año siguiente tradujo también *El otoño del patriarca.*

Una vez que hemos analizado, aunque sea someramente, el estilo del autor y de la obra y sabemos quien es el traductor, pasemos a considerar algunas de las dificultades que encuentra el traductor y su modo de resolverlas. Según Raymond L. William, especialista americano en literatura andina, es su obra más difícil de leer y para Bell-Villada el lector ideal es un lector hispano caribeño porque reconocería, sin ninguna duda, el claro toque antillano del libro con sus coloquialismos, proverbios, palabras soeces, alusiones a canciones y ritmos populares que circulan por la obra. Un claro ejemplo son las referencias a Manuela Sánchez, en la segunda parte, siempre dentro de la tradición del bolero y de la canción popular antillana en busca de Manuela. Leemos Manuela Sánchez de mi vergüenza, Manuela Sánchez de mi rabia, de mi mala hora, de mi desastre, de mi locura, de mi potra, hija de puta. Y en la versión en inglés la literalidad se deja asomar: *Manuela Sánchez of my perdition, of my shame lives, of my rage lives, of my evil hour, of my disaster, of my madness, of my rupture, daughter of a bitch.*

Una mayor dificultad supone el pasaje en el que se mencionan bailes antillanos. Un ejemplo:

TO: *(...) le decían que la vieron en un baile de plenas de Puerto Rico, (...) que la vieron en la parranda del velorio de Papá Montero, zumba, canalla, rumbero, (...) que la vieron en el tiquiquitaque de Barlovento sobre la mina, en la cumbiamba de Aracataca, en el bonito viento del tamborito de Panama, pero ninguna era ella, mi general, se la llevó el carajo. (OP.115)*[xii]

TT: *(...) they told him that she'd been seen dancing the plena in Puerto Rico, (...) that she'd been seen in the madness of Papa Montero's wake, thricky, lowlife rumba bunch, ( (...) that she'd been seen in the ticky-tacky of Barlovento over the mine, in the dance of Aracataca, in the pretty wind of the little drum of Panama, but none of them was her, general sir, she just blew the hell away. (AP. 83)*[xiii]

En este caso Rabassa opta por varias soluciones: calcar el nombre del baile, darle una explicación o bien sustituir el vocablo por un término general, siendo quizá la decisión menos acertada como es el caso de la referencia a la "cumbiamba de Aracataca", pueblo de G.G.M., y que recoge simplemente como "dance", cuando unas lineas más arriba nos habla de "the plena in Puerto Rico" y en otros pasajes del texto hallamos "cumbia".

Pero G.G.M no hace un uso exagerado de regionalismos, no crea un lenguaje híbrido, ni su lenguaje pertenece a ningún dialecto nacional como ya hacía notar el traductor. La única excepción es quizá el uso exagerado de la expresión típicamente colombiana "¡Qué vaina!" o "cachacos", jóvenes elegantes, traducido como "uplanders" y algún que otro vocablo.

Expresiones como "¡Qué vaina!" o "¡Se acabó la vaina!" encuentran su correspondencia inglesa en la típica expresión: "What a mess!", o "the mess is over!". En ocasiones debe recurrir al contexto para tratar de recoger más fielmente el contenido. Por ejemplo:

Ejemplo 1: TO: *( él   le contestó) que no mi general, que la vaina es peor (OP:25)*
TT: *(he) answered him no general, it's worse than that (AP:12)*
Ejemplo 2: *(...) que carajo, esas son vainas que le suceden a los hombres (OP:25)*
TT: *and what the hell, this is a kind of trouble a man gets into* (AP :12).

Hay que tener también en cuenta el uso de palabras, expresiones e incluso párrafos claramente obscenos y llenos de palabras malsonantes que requieren un buen dominio del español para la comprensión del matiz preciso y un buen manejo de la lengua meta para su traducción. Dichas palabras presentan de entrada dos tipos de problemas. El primero, previo a la traducción, es su reconocimiento. Se supone que el traductor es capaz de hacerlo, aún cuando son expresiones que no se enseñan y que cada uno las aprende como puede. De ahí que sea necesaria una experiencia amplia en los paises de habla del texto original, hispana en este caso, y un contacto con los ambientes adecuados. Una vez reconocidas topamos con el segundo problema: su traducción. Para ello el traductor necesitará hacer uso de esa experiencia debido a la escasez de diccionarios bilingües específicos.

La función primordial en el uso de estos términos en G.G.M. es expresiva o estilística, de ahí que el traductor deba amoldar los recursos estilísticos y expresivos del inglés a los de la lengua original, el español en este caso. Pero al tratarse de cuestiones estilísticas es probable que cada lengua haya desarrollado formas diferentes de expresar esos sentimientos. Así el inglés utiliza frecuentemente elementos adjetivales o adverbiales como "fucking", "bloody" o "damned" y todas sus variantes, mientras que en español su frecuencia es menor. Por el contrario, y ello lo podemos comprobar en la novela que ahora nos ocupa, hacemos un uso más amplio del vocabulario escatológico asi como de las interjecciones y exclamaciones. En muchos casos los vocablos tienen la misma función y el mismo sentido en ambas lenguas y lo ideal será utilizar los propios de cada lengua y con la frecuencia que su sistema establezca. Pero en la práctica la cuestión es mucho más compleja puesto que si se traducen por su equivalente funcional puede suceder que resulten excesivamente localistas y no adecuadas en un texto de difusión general, pudiendo caer en el error de intentar convertir a los hablantes de la lengua origen en personajes de la lengua a la que se traduce. Si por el contrario se traducen utilizando únicamente las correspondencias existentes en español-inglés a nivel formal, se reduce la expresividad del idioma y por consiguiente del texto, aún cuando en la literatura inglesa se utilizan con mayor frecuencia este tipo de vocabulario, digamos, marginal.

Por ambos lados se pueden cometer excesos. Es habitual encontrar traducciones que intentan mantener las correspondencias formales llegando a caer en la falta de emoción e intensidad que añaden esos elementos. No es el extremo en el que cae Rabassa pero sí se suma a esa tendencia. No es un traductor que se deje intimidar por textos de ese tipo e intenta recoger por completo su contenido aunque no siempre con la misma fuerza expresiva. Dos o tres ejemplos seran suficientes. En la primera parte leemos:

*TO: (...) y el alegaba muerto de risa que si Dios es tan macho como usted dice digale que me saque este cucarrón que me zumba en el oido, le decía, se desabotonaba los nueve botones de la bragueta y le mostraba la potra decomunal, dígale que me desinfle la criatura (OP:33).*

*TT: (...) and bursting with laughter he would allege that if God is the man you say he is tell him to rid me of this beetle that's buzzing in my ear, he would tell him, he wold unbutton the nine buttons of his fly and show him his huge tool, tell him to deflate this creature (AP:19)*

Un poco antes oímos de boca del patriarca una recomendación a su "doble" en torno a la mujer de "su recuerdo":

*TO: (...) te la pongo a la fuerza en la cama con cuatro hombres de tropa que la sujeten por los pies y las manos mientras tú te despachas con la cuchara grande, qué carajo, te la comes barbeada, le dijo (OP:25)*

El lector inglés topa con las siguientes palabras y podemos observar el uso de una expresión equivalente en la última linea:

*TT: (...): I'll have her held down by force on the bed with four troupes at her arms and legs while you take care of her with your soup ladle,God damn it, you can take her while she's bull-dogged, he told him (AP:12)*

Podríamos concluir con un nuevo ejemplo de los muchos que cabe encontrar y en el que la fidelidad al texto original es de nuevo patente:

*TO: (...) y nada para los pobres, por supuesto, porque ésos estarán siempre tan jodidos que el día en que la mierda tenga algún valor los pobres nacerán sin culo, ya lo verán (OP:221)*

*TT: (...) and nothing for the poor, naturally, because they've always been so fucked up that the*

*day shit is worth money, poor people will be born without an asshole, you'll see AP:168).*

Y son numerosas las expresiones que salpican el texto:

|  |  |
|---|---|
| TO: *un cambalache de puta madre.* | TT: *a wild mother fucking trade.* |
| TO: *dispara si es que tienes cojones.* | TT: *shoot if you've got any balls* |
| TO: *hijos de puta* | TT: *sons of bitches* |
| TO: *qué pais de mierda* | TT: *what a shitty country* |
| TO: *qué cabrones* | TT: *you bastards* |
| TO: *malparidos* | TT: *you bastards* |
| TO: *matreros* | TT: *tricky bastards* |

Dicha comparación puede hacernos pensar, por un lado, en la riqueza del vocabulario español frente al inglés y por otro, en la aceptación del traductor de una serie de convenciones literarias que le llevan a utilizar unos vocablos comunes en este tipo de textos. La expresión típica de G.G.M. "¡Qué carajo!" es vertida, en el mayor número de ocasiones, como "God damm it!".

Hemos aludido anteriormente a la escasez de signos de puntuación, exceptuando la coma y el punto y seguido, quedando cada sección como un gran párrafo. El traductor respeta esa economía de elementos gráficos.

En los momentos más críticos de la narración G.G.M profundiza aún más en los recursos poéticos y nos ofrece un vocabulario elevado, elegido, musical, con frecuentes repeticiones y alusiones a canciones o motivos populares hábilmente engarzados en el texto y que suponen un nuevo reto para el traductor. Veamos algunos ejemplos:

Ejemplo 1.- TO: (...) fúlgida *luna del mes de enero, cantaba, mírame cómo estoy de acontecido en en el patíbulo de tu ventana, cantaba ( (OP:32))*.

*TT: (...) bright January moon, he would sing, see how I am standing on the gallows by your window, he would sing (AP:18)*.

Ejemplo 2.- *TO: (...), viéndo los globos de colores en el cielo, los globos rojos y verdes, los globos amarillos como grandes naranjas azules, los innumerables globos errantes que se abrieron vuelo por entre el espanto de las golondrinas (OP:37)*.

*TT: (...), seeing the colored balloons in the sky, the red and green balloons, the yellow balloons like great blue oranges, the innumerable wandering balloons that took flight in the mist of swallows (AP:22).*

Hay juegos de palabras y trabalenguas infantiles que le llevan al traductor a adoptar una doble postura, por un lado ser fiel al texto original y por otro tratar de respetar la rima sacrificando la palabra llevando a la práctica las recomendaciones de Hatim & Mason (1990:15)[xiv]:

> Once again, we must place the act of translating within a social context. Since total re-creation of any language transaction is impossible, translators will always be subject to a conflict of interests as to what are their communicative priorities, a conflict which they resolve as best they can.

El siguiente ejemplo es una muestra de ello:

*TO: (...) de modo que cantaba con toda el alma el tilo en la tuna el lilo en la tina el bonete nítido, cantaba sin oirse ni que nadie lo oyera (...) el indio envasa la untura en lata, papá coloca el tabaco en pipa, Cecilia vende cera cerveza cebada cebolla cerezas cecina y tocino (OP:225).*

*TT: (...) so that he would chant with all his soul the tuna in the tin the loony in the bin the neat nightcap, he chanted without hearing himself or without anyone's hearing him (...) the Indian packs the ointment in the can, papa places the tobacco in his pipe, Cecilia sells seals seeds seats seams scenes sequins seaweed and receivers (AP:171).*

Cristobal Colón aparece con cierta frecuencia no sólo como personaje sino también como "texto", es decir, es su famoso diario el que sirve de base a un largo pasaje al final de la primera parte y concretamente la alusión a los días doce y trece de octubre de 1492, momento del descubrimiento. Con una gran ironía G.G.M nos ofrece el otro lado de la historia del Nuevo Mundo como si quisiese despojar la empresa de Colón de todo su contenido heróico y legendario y destruir así su validez histórica. Pero de cara al traductor la dificultad se centra en el uso de expresiones o términos sacados fundamentalmente del diario colombino que le dan al texto un tono arcaizante como si se tratase del español del siglo XV. Rabassa sabe conservar esos toques con sabor añejo y así leemos...

T.T.: (...) *red birettas, well-formed, of beauteous body and fine face, velvet doublet, what there be of them, they were good people and men of good will (AP.:41-42).*

Y en el texto original: (...) *bonetes colorados, de muy fermosos cuerpos y muy buenas caras, y dellos de los que haya, eran buenos servidores y de buen ingenio (O.P.:61-62).*

Esa fidelidad al texto le obliga a resolver problemas que tienen que ver con situaciones de inequivalencia entre ambos sistemas lingüísticos. De ahí que cuando leemos en español: "pues no decían el mar sino la mar" (OP:16), en inglés se hace necesario precisar la distinción entre géneros: "they made the word for sea feminine and not masculine" (AP:41). O en el siguiente ejemplo: "Ellos dicen la calor como los contrabandistas holandeses", y en el texto inglés leemos: TT: "(the heat), which they made feminine the way the Dutch smugglers do". Pero la ambigüedad en el texto inglés no siempre resulta tan fácil de eliminar. Por ejemplo, en el siguiente pasaje, tras la relación amorosa con Leticia Nazareno, concluye: "pues era mierda, general, su propia mierda" (OP:217) y en el texto inglés leemos: "because it was shit, general, his own shit" (AP:165)--el subrayado es mío-- y como apunta Bell-Villada (1990:160) cabría interpretarlo como un adjetivo posesivo referido tanto a él como a ella y que se pierde inevitablemente en la traducción. Otra inequivalencia formal la hallamos en el inicio de la última parte: TO: "Ahí estaba, pues, como si hubiera sido él aunque no lo fuera (OP:281.) En esta ocasión se mezclan el indicativo y el subjuntivo oponiendo así el hecho a la suposición dentro de la estuctura gramatical de la frase. En inglés la suposición, ante la ausencia de subjuntivo, encuentra otro modo de expresión: "There he was, then, as if it might have been he even though it were not" (AP:217). Son diferencias que atañen a los sistemas de las lenguas en contacto y que exigen del traductor un buen dominio de ambas.

La estructura de *El otoño del patriarca* se articula en torno a una polifonía de voces materializada en todas las personas gramaticales: un "yo" (I) referido frecuentemente al dictador, un "tú" (you) íntimo que incluye a Manuela Sánchez y Leticia Nazareno, un "él" (he) referido al dictador pero también a sus rivales, una vez amigos. Un respetuoso "usted" (you) con el que se informa al dictador e indirectamente al lector, un "nosotros" (we) que integra al pueblo, un "ustedes" (you) con el que dá órdenes y un "ellos" general (they) así como las formas posesivas "su" y "sus" que llevan a una ambigüedad no siempre resuelta por el autor pero que el traductor debe discernir. Estos desplazamientos constantes producen un fuerte efecto psicológico, especialmente en español, donde los pronombres de sujeto son normalmente omitidos y es la conjugación verbal o el uso de las formas posesivas los que nos informan de esos cambios rápidos intratextuales. El texto inglés pierde parte de ese dinamismo por la necesidad de utilizar un sujeto y de tomar una decisión ante los indicadores posesivos de segunda y tercera persona, como acabamos de ver. Gracias a ello y a un hábil y complejo uso de la lengua, el lector tiene la sensación de que todo es rumor, mentira, suposición, distorsión, ironía...., en suma, falta de información, una falta de información que se hace más pesada en el texto traducido, es decir, en la traducción inglesa, debido a su sistema lingüístico.

Pero es necesario también un conocimiento que va más allá de los sistemas lingüísticos de las lenguas en contacto. Entramos así en la última fase de nuestro estudio- análisis de aspectos sociolingüísticos o culturales. Los textos desempeñan una función dentro de la cultura de esa lengua y la literatura se convierte en un sistema múltiple dentro de la sociedad en la que tiene lugar, ello implica la necesidad de llevar a cabo una transacción comunicativa dentro de un marco social que evita errores tales como la traducción de "ellos son de la color de los canarios" (OP:61) como "they are the hue of canary birds" (AP:41), en clara alusión en el TO al diario de Colón, en el día trece de octubre en el que habla del color de los indígenas, no negros ni blancos sino del color de los habitantes de las islas Canarias, y no refiriéndose a los pájaros. Hay igualmente una pérdida de significado en la traducción de la siguiente unidad: "había tratado de espantarla con las manos, vaca, vaca, recordando de pronto que vaca se escribe con ve de vaca" (OP:323). Traducido literalmente, leemos en inglés: "he had tried to chase it away with his hands, cow, cow, remembering suddenly that cow was written with c" (AP:249). Observamos como el inglés no sugiere la misma ambivalencia que el español entre "baca" y "vaca". Podríamos reseñar igualmente una pérdida de intensidad en el TT en la traducción de las últimas palabras de la novela: TO: "*(...)* anunciaron al mundo la buena nueva de que el tiempo incontable de la eternidad había por fin terminado" (OP:348). (El subrayado es mío). TT: "(...) (they) anounced to the world the good news that the uncountable time of eternity had come to an end" (AP:269). Rabassa prefiere no traducir "por fin" rompiendo ese momento de júbilo que acompaña a la pública celebración del fin del patriarca.

Se ha repetido en más de una ocasión la importancia del verbo "ver" en la obra. Nada menos que dieciseis veces en las tres primeras páginas, contrastando con la moderación con que utiliza este recurso estilístico en *Cien años de soledad.* Rabassa permanece atento a ello pero no parece prestarle la misma atención que el autor:

*TO: (...) vimos el reten en desorden de la guardia fugitiva (...), vimos el galpón en penumbra (...), vimos en el centro del patio (...), vimos en el fondo la antigua caballeriza (...), y vimos entre las camelias (...) (OP:12).*

TT: *(...), we saw the disorder of the post of the guard who had fled, (...) in shadows we saw the anney (...), in the center of the courtyard we saw (...),in the rear we saw the ancient viceregal stable (..), and among the camellias and butterflies we saw (...) (AP:2).*

La empresa ha sido, sin duda alguna, difícil incluso para un traductor que conocía ya el estilo de G.G.M. y que asume el reto de un nuevo estilo y de unos elementos propios de la cultura del TO, cultura que debe conocer y saber vertir porque como apuntan S. Bassnett y A. Lefevere (1990:11)[xv] "since languages express cultures, translators should be bicultural, not bilingual", de modo que el objetivo a conseguir sea, y cito textualmente, "an attempt to make the target text function in the target culture the way the source text functioned in the source culture" (1990:8). Gregory Rabassa logra ser ese cómplice genial que todo traductor persigue ser. Sin duda alguna busca la fidelidad al texto, una fidelidad que sobrepasa la simple literalidad. Pero logra acercarse al lector a la vez que intenta salvar las diferencias entre los dos polisistemas en contacto. Tarea difícil teniendo en cuenta las diferencias entre ambos sistemas lingüísticos, el estilo del autor y el tipo de lector al que va dirigido el texto. Y nada mejor que concluir con el juicio emitido por el propio G.G.M. sobre las traducciones de G. Rabassa (G.G.M.,1991:292)[xvi]:

(...) he leído alguno de los libros traducidos al inglés por Gregory Rabassa y debo reconocer que encontré algunos pasajes que me gustaban más que en castellano. La impresión que dan las traducciones de Rabassa es que se aprende el libro de memoria y luego lo vuelve a escribir completo en inglés: su fidelidad es más compleja que la literalidad simple. Nunca hace una explicación a pie de página, que es el recurso menos válido y por desgracia el más socorrido en los malos traductores.

## Notas

[i] Newmark, P., "The Translation of Metaphor" *Babel*, 1980. En 1981 P. Newmark en su libro *Approaches to Translation*, Oxford: Pergamon Press, p. 84, y en posteriores publicaciones incide sobre el tema de la traducción de metáforas.

[ii] Mason, K.,"Metaphor and Translation" *Babel*, 1982, 3, 28:149..

[iii] Bally, Ch. , *Traité de stylistique française*, Paris: Klincksieck, 1909/51.

[iv] Dagut, M., " The Translation of Metaphors". *Babel*, 1980, 2.

[v] Dagut, M., "More About the Translatability of Metaphor". *Babel*, 1987, 3, 28:149.

[vi] Carte, A., *La pasión de la nueva Eva*. Trad. M. Horne. Barcelona: Ediciones Minotauro, EDHASA, 1982.

[vii] Alvarez Calleja, M.A. ob.cit. p.280.

[viii] Valero-Garcés, C. "The Translation of the *Scarlet Letter* into Spanish". *Nathaniel Hawthorne Review*, 1994, Fall.

[ix] Collazos, Oscar. 1983. *García Márquez: la Soledad y la Gloria*. madrid: Plaza y Janés.

[x] Rentería, A. ed. 1979. *García Márquez habla de Gearcía Márquez*.. Bogotá: Rentería Editores, Ltd.

[xi] Bell-Villada, G. H. 1990. *García Márquez. The Man and His Work*. Chapel Hill & London: The University of North Carolina Press.

[xii] García Marquéz, Gabriel. 1982. *El otoño del patriarca*. Madrid: Ediciones Alfaguara,1982.

[xiii] García Márquez, G. 1976.*The Autumn of the Patriarch.* Traducción de G. Rabassa. New York: Harper Perennial, 1991. A Hardcover edition was published in 1976 by Harper & Row, Publishers.

[xiv] Hatim, Brian & Mason, Ian.1990. *Discourse and the Translator*. London: Longman.

[xv] Bassnett, Susan & Lefevere, André. 1990. *Translation, History and Culture*. London & New York: Pinter Publishers, 1990.

[xvi] García Márquez, G.1991. *Notas de Prensa. 1980-1984*. Madrid: Mondadori.

## Capítulo 5

## CLAVE DE EJERCICIOS

Las soluciones que siguen a los ejercicios son orientativas, de modo que en muchos casos pueden considerarse como simples sugerencias.

### *Solución al apartado de Análisis componencial.*

HAVOC: desastre, estrago, devastación; alboroto; dar al traste; al ataque; desbarató; confusión; devastación; degradación.

HARD: terreno firme; helada severa; madera sólida, resistente; "no hay manera de...; problema complicado,difícil; ejercicio difícil, duro; ejercicio cansado, extenuante; palabras difíciles de aprender; difícil de agradar; difícil de olvidar; época penosa, terrible; tiempos duros; disciplina férrea, estricta; mal rato; padre inflexible, severo; sostener un intenso regateo; optar por una linea dura; hacer tenaces, responsables a los muchachos; golpe bajo; doloroso golpe; mala suerte; bebida fuerte, alcohólica; tenaz trabajador; batalla encarnizada, dura; invierno severo, crudo; grandes dificultades.

### Solución apartado de Los "falsos amigos".

A: - a very simple person = una persona muy sencilla

- a simple question = una pregunta sencilla.
- I was only asking = Era una simple pregunta.
- These are the relevant documents = Estos son los documentos apropiados / pertinentes.
- He has some outstanding qualities = Tiene algunas cualidades relevantes-

They gave the impression of being very candid in their replies = Dieron la impresión de ser muy sinceros en sus respuestas.

- The actual value of an object = El valor efectivo de un objeto.
- El hombre adecuado para el trabajo = The right man for the job.
- El procedimiento es adecuado para esta finalidad = The procedure is suitable for the purpose.
- The money I have is adequate for this trip = El dinero que tengo es suficiente para este viaje.
- They eventually decided to leave = Por fin decidieron marcharse.

- No usaba sombrero más que eventualmente = She/he only occasionally wore a hat.
- A consistent worker = Un trabajador constante.
- Un argumento consecuente = A consistent argument.
- Her contribution was more substantial than mine = Su contribución fue más consistente que la mía.
- A regular customer = Un cliente habitual.
- de estatura regular = of average height.
- Una casa bastante regular = A reasonable house.
- Regular hours of work = Horas de trabajo normales.
- The financial implications = Consecuencias financieras o repercusiones presupuestarias.
- Ability to pay = Capacidad de pago o capacidad financiera.
- The ability to remember dates = La facultad para recordar fechas.
- In 1986 the current debt was larger than in 1992 = En 1986 la deuda de entonces era superior a la de 1992.
- Quiero que me pague en dinero efectivo = I want you to pay me in cash.
- La fecha efectiva de vencimiento del contrato = The actuaal date of the end of the contract.

- Un tratamiento eficaz = An effective treatment.
- He has brought disgrace on his family= Ha deshonrado a su familia.

B.- temporada - solicitud - fustrado - extranjeros- apodos - un par de partidos- temporada.

### Solución apartado de Aspectos relativos al verbo

A.- 1.B. Se evita de este modo la repetición de la estructura sujeto-predicado que resulta demasiado literal en español.

2.B. Como en el caso anterior, la redacción mejora si evitamos la estructura sujeto-predicado. Podría también traducirse por "como disponía de poco tiempo...".

3.A. Resulta más aceptable en español porque se evita la voz pasiva y la repetición sujeto-predicado.

4.B. El español prefiere la construcción preposición + verbo, mientras que el inglés utiliza la construcción nominal.

5.- Se mejora la traducción si decimos: "Se aprobó un plan para fomentar la agricultura", por las mismas razones expuestas en el ejemplo anterior.

6.- "Los señores se quitaron el sombrero". En español, el posesivo no guarda la misma relación

En inglés se piensa que cada caballero tenía un sombrero, y como eran varios los señores debe usarse el plural para establecer la concordancia con el sujeto. En cambio en español entendemos que cada caballero tenía un sombrero, de ahí que tengamos que utilizar el singular, y no el plural que sugeriría que cada caballero tiene más de un sombrero.

7.- Podría también traducirse como "Me encuentro mal", pero en español hay una mayor tendencia a utilizar la forma negativa, de ahí que consideremos a la traducción que figura en el texto como la más aceptable.

8.- Comentario igual que en caso anterior.

9.- "Si mal no recuerdo" podría ser otra posibilidad. Al igual que en los ejemplos anteriores, el español prefiere la forma negativa, aunque con ello no queremos decir que sería inadecuada una traducción conservando la forma afirmativa.

10.- En dicho ejemplo se plantea la mayor fuerza y significado que conllevan las preposiciones en inglés. Por contaminación con este idioma, con frecuencia se traduce de un modo literal, como en este caso. En español tendríamos que acompañar a la preposición con un infinitivo: La necesidad de continuar el diálogo para encontrar fórmulas de solución en los asuntos vitales".

11.- Si el tiempo no lo impide.

12.- He grew up the hard way.

13.- Puedes coger el libro prestado siempre que no lo ensucies.

14.- There is scant knowledge abiut the nature of the disease.

15.- Anote el nombre y el númnero de teléfono de las personas que asistirán al curso.

16.- El Año Internacional de la Mujer.

17.- International Children's Institute.

18.- 23 de junio de 1994.

19.- Habla inglés muy bien aunque es francesa.

20.- Programas destinados a mejorar las condiciones de vida.

21.- Quiero estar sólo/a, ojalá me dejarán solo/a.

22.- Puede hacer lo que quiera.

B.- 1.- Trabajo antes de que venga.

2.- Busco un profesor/instructor que hable francés.

3.- Lo haré como me digas.

4.- You need to work this afternoon.

5.- Help us when you can.

6.- No existe ordenador/computadora que hable Esperanto.

7.- I don't think they will have time.

8.- Iré donde/ a cualquier sitio que me digas.

9.- There's nobody here who speaks Chinese.

10.- I'm searching for a cat with green eyes.

Solución apartado de Traducción de la forma inglesa "-ing" al español

1.- He read the novel at one sitting.

En ambas lenguas se trata de una frase preposicional con valor modal.

LEYO LA NOVELA DE UNA SENTADA.

2.- I am going to eat.

Frase verbal con valor de futuro en ambas lenguas.

VOY A COMER.

3.- Looking up suddenly, Robert saw a rainbow.

En ambas lenguas se trata de una forma verbal con función adverbial. En el caso del inglés se expresa con la forma -ing, y en espanol podría traducirse utilizando el infinitivo.

AL MIRAR AL CIELO DE REPENTE, ROBERTO VIO EL ARCO IRIS.

4.- The man objected to my playing in the team.

En inglés nos encontramos con un participio de presente tras un posesivo que puede traducirse al español mediante una oración de relativo, suprimiendo el sujeto "yo" que queda implícito en el verbo.

EL HOMBRE PUSO OBJECIONES A QUE JUGASE EN EL EQUIPO.

5.- The villagers listened to the tolling of the bell.

Nos encontramos con un gerundio en inglés que puede traducirse por un infinitivo sustantivado en función de complemento directo.

LOS CAMPESINOS ESCUCHARON EL DOBLAR DE LAS CAMPANAS

6.- The critics praised her wonderful dancing

En inglés tenemos una construcción de posesivo + participio de presente que se puede traducir por un infinitivo sustantivado en función de complemento directo.

LOS ENTENDIDOS ALABARON SU MARAVILLOSA FORMA DE BAILAR.

7.- They were *coming* towards the flag.

"were coming", past continuous que puede traducirse por pretérito imperfecto de indicativo.

VENIAN HACIA LA BANDERA.

8.- He heard the voice *saying* the last prayer.

En este caso se trata de un participio de presente que podríamos traducirlo por una oración de relativo, aunque cabría también la posibilidad de usar un gerundio.

OYO LA VOZ QUE DECIA LA ULTIMA ORACION.

9.- Have you *lodgings?*.

En inglés nos encontramos con un gerundio en forma sustantivada que tiene su correspondiente sustantivo en español.

¿TIENE ALOJAMIENTO?.

10.-It kept on *raining*.

Forma de gerundio tras preposición que puede traducirse igualmente por gerundio en español.

SEGUIA LLOVIENDO.

11.- It is not *insulting*.

Participio de presente con función adjetiva predicativa que se puede traducir en español por un adjetivo.

NO ES INSULTANTE.

12.- These *happenigs* are frequent.

Gerundio sustantivado en inglés en función de sujeto que puede traducirse por un sustantivo, como en este caso, o por un infinitivo en otros casos.

ESTOS HECHOS SON FRECUENTES.

13.- Seeing is believing.

Tenemos dos gerundios, uno en función de sujeto y otro en función de CD que se pueden traducir por infinitivo en ambos casos.

VER ES CREER

14.- We have enjoyed listening to the music.

En inglés tenemos una forma -ing que debe seguir al verbo *enjoy* y que podría traducirse por un gerundio en español.

NOS LO HEMOS PASADO BIEN/ NOS HEMOS DIVERTIDO ESCuCHANDO MUSICA

15.- They have finished dining.

Se trata de una estructura fija en inglés, como en el caso anterior, en el que un determinado verbo rige un verbo en la forma -ing y que en español puede ser traducido por un infinitivo.

HAN ACABADO DE CENAR.

16.- They have begun studying.

Al igual que en casos anteriores, se trata de un verbo que rige gerundio, aunque puede ir seguido de infinitivo también. Podríamos traducirlo por un infinitivo.

HAN EMPEZADO A ESTUDIAR.

17.- He went out slamming the door.

Un gerundio en inglés referido a dos acciones simultáneas, que puede traducirse en español igualmente por un gerundio .

SALIO DANDO UN PORTAZO.

B.- 1.- En este caso se ha utilizado el gerundio como elemento de enlace cuando sería más oportuno utilizar oraciones coordinadas:

EL EMBAJADOR LLEGO... ACOMPAÑADO DE SU ESPOSA. VESTIA...FUE ASEDIADO....

**2.-** Al igual que en el caso anterior podrían utilizarse oraciones coordinadas que harían más comprensible el texto:

.....LOS ACREEDORES- INCLUYENDO LAS ESPOSAS- SUMABAN 246. DEBIA MAS DE... Y SUS BIENES ERAN INFERIORES A....

**3.-** El gerundio debería sustituirse por la forma verbal correspondiente que iniciaría una nueva frase, después de un punto y coma:

...REELECCION; TIENE 73 AÑOS Y...

**4.-** En este caso se trata de acciones sucesivas y, por lo tanto, pueden coordinarse:

...A CANTANTE Y ACTUO...

**5.-** No siempre que encontramos una forma -ing en inglés se refiere a un gerundio. En el caso siguiente se ha tomado como tal y su traducción parece una copia de una estructura inglesa ("depending on") y poco natural en español. Podríamos decir: SEGUN SU UBICACION....

### Solución apartado de Interferencias lingüísticas. Neologismos

**A.- 1.-** Los ciegos de nacimiento cuando recuperan la vista....

**2.-** Cada uno contribuirá con un ensayo...

**3.-** Todas las mañanas de 9 a 1....

**4.-** No te lo ofrecía por eso.

**5.-** Esta discusión se resolverá por ....

6.- ¿Hay algo que pueda hacer por tí?.

7.- No podíamos hacer nada.

8.- Dentro de este contexto...

9.- ...el sombrero.

10.- ...ocurrirme algo.

B.-    1.- Uso indebido del gerundio. "El desarrollo de un sistema experto que utiliza el nuevo programa significa representar el conocimiento obtenido de un modo objetivo".

2.- Uso indebido del gerundio y de la voz pasiva. "Muchos sistemas expertos en vías de desarrollo utilizan la programación basada en el conocimiento".

3.- Debería utilizarse el indefinido y no el imperfecto. "General Motors declaró...presentó, ...observó...".

4.- Con frecuencia se hace un uso incorrecto de los verbos modales. "Con el ordenador se pueden resolver una serie de problemas...".

5.- Al igual que en el ejemplo anterior se trata de un uso incorrecto de "can". No siempre es equivalente a "poder". "Un ordenador puede llegar a reemplazar al hombre en las tareas rutinarias y monótonas".

6.- Redundancia de "poder". "Se podría trabajar...".

7.- El inglés es, como ya hemos señalado anteriormente, una lengua sintética, pero el español necesita de más explicación. "Los usuarios del modelo Macintosh tienen ahora ante sí una nueva red", o "Nueva red para los usuarios 3270...".

8.- Falta de concordancia entre sujeto y verbo. Observamos también una traducción literal de "but" con su valor adversativo- "pero"-, que sin embargo sería más acertado en este caso darle un valor copulativo: "Estos módulos son de bajo coste y además aportan como novedad ...".

9.- Falta de concordancia entre verbo y objeto y mal uso de la preposición "al más tonto" que produce ambigüedad y falta de concisión. "Cualquier gran ordenador central con el que se pueda establecer comunicación tratará a un ordenador personal como lo haría el más tonto de los terminales no inteligentes".

10.- Calco de la estructura inglesa "it wasn't until". "Con la llegada de la tecnología de integración a gran escala comenzaron formalmente los trabajos".

11.- Calco del orden de adjetivos y comparativos en inglés). "El ordenador personal AT más rápido y potente, aunque también más caro...".

12.- Uso indebido de la preposición "under". " Existen unos 400 programas actualmente en desarrollo".

## Solución al apartado de Expresiones idiomáticas.

A.- 1.- Nunca lo he pasado tan bién.

2.- Me crispa los nervios/ Me saca de quicio.

3.- Es como buscar una aguja en un pajar.

4.- I'm waiting for an international call.

5.- !Qué desverguënza! !Se lo llevó todo!.

6.- He's feathering his nest.

7.-No corre prisa.

8.- Me dijo que me fuera a freir espárragos.

9.- No lo haré ni a tiros.

10.- He had a lump in his throat.

B.- 1.- Quería preguntarle acerca del accidente y huída del conductor que vió usted el otro día. Hay gente que se achica cuando la policía le empieza a hacer preguntas. Le aseguro que no le va a pasar nada (que no está en un aprieto). Simplemente quiero saber que es lo que vió usted el otro día. Queremos coger al tipo que lo hizo, por eso cualquier dato que pueda darnos sobre él nos será útil.

2.- Es la época del año en que los niños cogen más catarros y eso es lo que parece que tiene su hija. Vamos a ver si lo cogemos a tiempo. Le sugeriría que comprase sin receta (por su cuenta) uno de esos descogestionantes que venden para niños y probar a ver si funciona en los dos próximas día (en las próximas 48 horas). Comprendo que éste es su cuarto hijo y está al tanto de estas cosas. Si las cosas no mejoran, venga a verme de nuevo (o llámeme).

3.- I want to talk with you about your son. I am very concerned about what is happening to him here at school. He seems to be the kind of kid that if you give him an inch, he'll take a mile. We've already had him in two different 5th grade classrooms and his behaviour has not improved. I'm wondering if you are putting your foot down at home. You know, I hate to see him burn his bridges before he leaves grade school. Things are going to get tougher in junior high-- he'll have to learn to stand-up for what he thinks is differnce between right and wrong.

### Solución a los apartados sobre técnicas de traducción.

### Solución al apartado de Modulación

1.- I see. Cambio de una parte por otra.

2.- You look well. Cambio de una parte por otra.

3.- !Jesús!. Cambio de punto de vista.

4.- It takes six hours to fo grom London to Edinburg by train.

5.- Llegué a una casa en ruinas. Cambio de expresión.

6.- ¿Con quién simpatizamos?/¿a quien apoyamos?. Cambio de expresión.

7.- She washes her hair every day. Cambio de una parte al todo.

8.- La batalla tiene lugar/se desarrolla en Liverpool. Cambio de concreto a abstracto.

9.- That will do!. Cambio de un modismo a otro diferente.

10.- Tribunal Supremo. Cambio de específico a general.

11.- Buscaba su mirada. Cambio de concreto a abstracto.

12.- The clock was striking. Cambio de forma a función.

13.- No hablaba por hablar. Cambio de un modismo a otro.

14.- Seguidas al pie de la letra. Cambio de una expresión a un modismo

15.- Peces de colores. Cambio de una expresión.

16.- Cadena perpetua. Cambio de concreto a abstracto.

17.- A cat has nine lives. Cambio de un modismo a otro modismo.

18.- Case heard and concluded. De una parte al todo.

19.- En el acto. Cambio de expresión.

20.- Me dió con la puerta en las narices. Cambio del todo a una parte.

**Solución al apartado de Omisión y ampliación**

La traduciones ofrecidas son aceptables, aunque probablemente surgan otras versiones. Es interesante hacer notar al alumno la tendencia y facilidad del inglés para la concisión (e.g. 5, 6, 9), en contra de la necesidad del español de mayores explicaciones.

**Solución al apartado de Adaptación**

1.- Mary spoke English with an accent from the Spanish of Andalusia. Probablemente el lector inglés no está familiarizado o sabrá a que se refiere el texto con "andaluz", de ahí que haya que buscar el medio de dar la información.

2.- En Londres visitamos Trafalgar Square y el palacio de Buckingham. No puede abreviarse en español, sino que hay que hacerlo explícito. Sin embargo, resulta común hablar de "Trafalgar Square" y no de la plaza de Trafalgar.

3.- The proposal will be debated on Congress.

4.- Masticando una piruleta.

5- The kid doesn't need huggies any more.

6.- Quizá preparemos una barbacoa para el 4 de julio, día de la Independencia en EEUU.

7.- El día 1 de Mayo, (May Day), hay buenas rebajas en el centro comercial el "Mall de América".

8.- We had a delicious "paella", a typical Spanish dish. It is a kind of stew with rice, shrimps, mussels, chicken, etc..

9.- Es un estudiante de primer año de carrera.

Solución al apartado de Transposición

1.- In a waiting car.

2.- The Chilean border.

3.- Si por casualidad se encuentra en Londres.

4.- Cada vez con mayor fuerza.

5.- Para que podamos decir.

6.- En el musical se hace una llamada para la acción positiva.

7.- Parecería a la luz de esta afirmación.

8.- Aún faltaba una hora para acudir /ira.....

9.- He didn't look healthy.

10.- Desarrugó la frente.

11.- Prohibido fumar.

12.- A shot from the house.

13.- Sus huellas dactilares estaban en la mesa.

14.- Quick as he was.

15.- Has sido muy útil.

16.- The animals on view.

17.- What a fool I have been!.

**Solución al apartado de Compensación**

Las respuestas a este ejercicio variarán según el nivel de español de los estudiantes, así como su predisposición a leer textos poéticos. Puede eliminarse este apartado o proponer otro texto.

**Solución al apartado de Recomposición y paráfrasis**

Ejemplo I.- En la primera traducción ofrecida hay un error al vertir "project budget" como "proyecto de presupuesto". Por otro lado, "the total effort" es objeto de una traducción literal que se podría mejorar si decimos "el conjunto de actividades" y a continuación "todas la tareas", para evitar la repetición. La segunda traducción es más aceptable.

Ejemplo II.- Si decimos "La obra de teatro dura 32 minutos y es de difícil interpretación", mejora sin duda la aceptabilidad del texto.

Ejemplo III.- El uso de " la formación de" resulta innecesario.

Ejemplo IV.- La repetición de "ya que" produce un efecto extraño en los lectores y podría evitarse cambiando el segundo "ya que" por "puesto que". Y para evitar la repetición del artículo indeterminado ("un exceso", "una poda") se puede sustituir el primero por "el exceso".

- De nuevo hay una repetición innecesaria que demuestra la poca pericia del traductor y la necesidad de aprender a redactar. Sería mejor: "...según encuesta de una importante revista de psicología para la que se entrevistó a...".

- De nuevo hay repetición de "para" "para" que puede fácilmente evitarse: "La negativa de una visa para viajar....".

- El verbo y el sustantivo se repite cuando puede elegirse un sinónimo para el verbo: "confeccionaban".

Ejemplo V.- La cacofonía, o repetición de sonidos, se tolera en algunos tipos de discurso, p. e. en proverbios o canciones, pero resulta molesta cuando se introduce en un texto estandar. En el primer ejemplo bastaría decir: " La postergación de las obras...".

- En el segundo caso podríamos evitar la repetición de "-miento" si decimos: "El financiamiento del cobre...".

- En el tercer caso se evita repetir "-mente" si decimos: "La demanda del oro se ha reducido en alto grado por la baja inflacción actual".

- Y en el siguiente caso "-miento/s" puede evitarse igualmente: "La Central General cumple todos los requisitos...".

Ejemplo VI.- El traductor debe también cuidar su estilo y no dejarse influir por construciones pesadas o párrafos largos que dificultan la comprensión del texto. Deberá por ello descomponer el texto en unidades más pequeñas hasta que logre comprenderlo, incluso en el caso de la traducción del inglés al español. Para lograr tal hecho debe dominar las reglas de la puntuación y saber cuando debe introducir un punto (.) o un punto y coma (;) que le ayuden a mejorar la redacción. En el ejemplo que tenemos bastaría con introducir (;) y cambiar el tiempo verbal: " más o menos compatibles; se reunen ocasionalmente...".

B.- China's young demonstrators had only to consult the pages of their history books last week for a bit of inspiration- and even a few lessos. Thorought this century, massive student rallies have often augured or advanced social and political change in China, ushering in new eras or helping set the country's political agenda. Indeed, the recent outpouring of unrest shares familiar themes with the outcries of earlier student generations: a fervent call for renewed national purpose and a noisy demand for domestic reform.

La intrusión extranjera a menudo ha espoleado la reacción estudiantil. Cuando Japón presentó al gobierno chino las "21 peticiones" de 1915, que incluían la cesión de la provincia nordeste de Shandong a Tokio, miles de estudiantes chinos que estaban estudiando en el extranjero volvieron a casa para protestar por lo que ellos consideraban una afrenta humillante para la soberanía del país. La noticia de que Gran Bretaña, Francia e Italia habían acordado en Versalles apoyar las reclamaciones japonesas sobre Shandong provocaron el 4 de mayo de 1919 una manifestación en Pekín de alrededor de 5.000 estudiantes y protestas en más de una docena de universidades por todo el país.

C.- En los siguientes ejemplos hay un uso abusivo de la repetición de vocablos similares o que producen cacofonía y evidencian la falta de pericia del traductor y sus problemas para redactar bien. Esta cualidad debe ejercitarse aún aparte de la actividad traductora.

1.- La demanda de oro se ha reducido en alto grado por la baja inflacción actual/por la baja inflación que prevalece en la actualidad.

2.- En general, el peral no necesita podarse en exceso/podarse de forma excesiva.

3.- Los hermanos Grimm, muy distintos en carácter y talento, se mantuvieron entrañablemente unidos hasta la muerte.

4.- Sin duda, la historia de los baños termales guarda íntima relación con el desarrollo/auge del ferrocarril que poco a poco se extendió por todo el territorio/se abrió paso por todo el territorio. Lógicamente ello favoreció el prestigio de estos establecimientos, que se pusieron de moda.

Hay un excesivo uso de adverbios que pueden eliminarse y constituye un buen ejercicio de redacción y búsqueda de sinónimos.

5.- Cualquiera puede llegar a ser un gran hombre sin estar dotado de talento ni ingenio superiores, con tal que tenga valor, juicio sano y la mente bien organizada.

El uso del artículo indeterminado es, a veces, innecesario en español y revela una copia de la estructura inglesa. A veces se puede sustituir por el artículo determinado, o bien utilizarse para enfatizar el sustantivo ("Una mujer sensata no procedería así").

6.- (...) Es así que la uva recolectada en estado inmaduro mantendrá invariablemente dicha condición, es decir, su bajo grado de azúcar y su alta acidez.

Son varios los cambios que hemos llevado a cabo. Primero la sustitución del artículo indeterminado por el determinado, y en segundo lugar, hemos suprimido aquello que resultaba redundante: "sin variar" es lo mismo que "invariablemente"; y "mantendrá" indica futuro, con lo cual "posteriormente:" es innecesario. En consecuencia, "sin variar posteriormente" puede ser suprimido.

### Solución apartado de *Un fragmento de* Catch 22 *y sus traducciones*

Como hemos señalado en más de una ocasión, el traductor debe conocer la época del autor, su estilo y su producción literaria , así como el lugar que ocupa la obra a traducir dentro del conjunto de obras publicadas. Son algunos factores que pueden ayudarle en la toma de decisiones. Pero cuando se trata de comparar obras traducidas con el texto original correspondiente, el crítico debe recorrer ese mismo camino y además conseguir cuanta información pueda sobre el traductor, época de publicación del texto traducido y cualquier otro elemento socio-cultural que haya podido influir en su labor. No es tarea fácil el conseguir información sobre los traductores. A veces hemos de conformarnos con el simple nombre que figura en la tapa del libro, y en ocasiones ni siquiera con eso. Sin embargo, y sobre todo cuando existe más de una versión, puede estudiarse la época en la que se tradujo y la sociedad del momento con el fin de hallar diferencias que pueden deberse no sólo a la pericia del traductor, sino a otros condicionamientos.

Teniendo en cuenta estas notas, el profesor o instructor puede hacer una introducción de la España de los años 70 y la España actual a raiz de la traducción de la primera frase: "It was love at first sight", traducida como "Fue un caso de amor repentino" (1969) y "Fue un flechazo" (1991) que podría conducir al tema de la libertad sexual, ya que la expresión "fue un flechazo" ha sido tradicionalmente reservada para las relaciones hombre-mujer.

### Solución al apartado de Traducción de un fragmento de Catch 22

Ofrecemos la última traducción publicada en España de la novela:

Instalado en una cama de la pequeña sección privada al final de la sala, trabajando sin cesar tras el tabique verde de madera chapada, se encontraba el ampuloso coronel cuarentón a quien iba a ver todos los días una mujer amable, de expresión dulce, con el pelo rizado de color rubio ceniza, que no era ni enfermera ni auxiliar femenino del ejército ni una chica de la Cruz Roja, y que, no obstante se presentaba puntalmente todas las tardes en el hospital de Pianosa vestida con bonitos trajes veraniegos en tonos pastel, muy elegantes, y zapatos de cuero blanco de medio tacón hasta los que bajaban las costuras de las medias de nailon, siempre impecablemente derechas. El coronel estaba destinado en comunicaciones y se pasaba los días y las noches transmitiendo viscosos mensajes del interior de su cuerpo a cuadrados de gasa que cerraba meticulosamente y entregaba a un cubo blanco con tapa que había en la mesilla, junto a la cama. El coronel era una auténtica monada. Tenía la boca cavernosa, mejillas igualmente cavernosas y unos ojos tristes y hundidos, como el añublo. Su rostro había adquirido un tinte de plata oscurecida. Tosía queda, cautelosamente, y se daba golpecitos con las gasas en los labios con un gesto de asco que se había convertido en algo auténtico.

(*Trampa 22,* Traduc. de Flora Casas, Madrid: Edt. Debate,1991).

## *Solución al apartado de Un fragmento de* La familia de Pascual Duarte

My childhood memories are not exactly pleasant. My father's name was Esteban Duarte Deniz. He was Portuguese, in his forties when I was a child, and tall and huge as a hill. His skin was tanned by the sun and he wore a great black mustache which turned down. They said that when he was younger this splendid handlebar mustache had turned up. But after a stretch in prison, he lost his jaunty air, the force went out of his mustache, and he wore it fallen down forever into the tomb. I had a great respect for him, but even more fear, and whenever I could, I ducked out and tried not to run into him.

*The Family of Pascual Duarte* (trans. by Anthony Kerrigan, 1964, Avon Books, New York., 2nd edt. 1972, Spanish edition originally published by Editorial Aldecoa, Madrid-Burgos, copyright, 1942).

## *Solución al apartado de Ejercicios sobre los textos* Teleprocessing/ Teleproceso

*Teleproceso*

Un sistema de teleproceso permite que el proceso de datos se efectúe en un punto alejado de aquel en que se originan los datos.

Una red de teleproceso se compone de lineas de comunicación conectadas a un sistema de datos central a través de dispositivos remotos de teleproceso. Los elementos que componen la red son una unidad central (unidad central de procesamiento de datos), lineas de comunicación, terminales y sistemas de programación. Tres de éstos elementos, los dispositivos de control de comunicaciones, los modems y las lineas de comunicación, constituyen la red de unión de datos.

La unidad central de proceso requiere capacidad de programación múltiple, capacidad de almacenamiento adecuado y la protección necesaria, velocidad adecuada y potencia para poder extender su capacidad de almacenamiento y velocidad. Debe ser capaz de trabajar con datos de entrada sin procesar así como seleccionar y ordenar dichos datos.

Los dispositivos de control de las comunicaciones son los componentes del disco duro que unen el procesador central con las lineas de comunicación. La transferencia de datos requiere transmisión de no-información, transmisión de instalación, control, comprobación y finalización del intercambio de información. Estos cambios de no-información constituyen el control de la red de datos. Su función incluye la sincronización del transmisor y receptor, traducción del codificador, detección de errores y recuperación. Para poder enviar información por las lineas de comunicación, los datos deben convertirse (serializar) a un sistema de dígitos binarios para ser reconvertidos, una vez recibidos, al lenguaje del aparato para su procesamiento. Los dispositivos de control llevan a cabo estas funciones.

Una vez que los datos han sido serializados las señales binarias se convierten en señales de frecuencia auditiva (son moduladas) para su transmisión y se reconvierten (son demoduladas) en la otra terminal. Se requiere un modem en cada extremo de la red de datos.

*Teleprocessing*

A teleprocessing system allows data processing to take place at a location remote from the original of the information. In other words, through teleprocessing, information can be sent or received via computers. For, example, data processing could serve to coordinate the activities of two factories in relation to the stock available in a warehouse. The system would regulate the number of car parts produced in plant B with the number of automobile chassis made in plant A, while keeping the numbers of finished cars in the warehouse at a level commensurate with production.

A teleprocessing system could transfer data by transmitting and processing large amounts of remote data at high speeds. The system acts as a collection point to arrange information received from various sites of data entry (terminals); it processes limited quantities of remota data; and it uses slow I/O machines as a means for information input and output. A system of data communication has gathering as well as transmitting capabilities; it usually includes several terminals and allows two-way communication.

The specific focus of the system could vary, changing as convenient. In a bank, for example, the teleprocessing system transmit, during certain hours of the day, information about account status; later, each terminal could summarize details of all completed transactions for that day. Even further, the system could offer question-and-answer programs.

Teleprocessing system include three principal parts; the central processing unit and the terminals are joined together by means of communication lines through control devices.

## *Solución apartado de Traducción del texto* Costs

Costes

Los datos relativos a la producción definidos por la ley de rendimientos decrecientes han de relacionarse con el precio de los recursos a fin de determinar los costes totales por unidad de las diferentes producciones.

Los costes fijos totales son aquellos que no varían su capacidad total con los cambios en la producción. Deben pagarse aún cuando el índice de producción de la empresa es igual a cero. Suelen ser costes fijos totales de las acciones u obligaciones emitidas por la empresa, pago de alquileres, primas de seguros y los salarios de la alta dirección y del personal clave.

Los costes variables totales son aquellos que aumentan con el nivel de la producción. incluye el pago de materiales, combustibles, energía, servicios de transporte, la mayor parte del trabajo y otros recursos variables de la misma índole.

El coste total se define por sí mismo. Es la suma de los costes fijos y variables de cada nivel de producción.

La distinción entre los costes fijos y variables es de gran importancia para el empresario. Los costes variables son aquellos que el empresario puede controlar o alterar a corto plazo cambiando su nivel de producción. Mientras que los costes fijos escapan a su control y deben pagarse sea cual sea el nivel de producción.

Los costes medios (o costes por unidad).

Los productores están muy interesados por los costes totales, pero les interesan de igual modo los costes por unidad, o los costes medios. Particularmente, los datos sobre los costes medios son más útiles para establecer comparaciones con el precio del producto, que se establece siempre tomando la unidad como base.

### *Solución apartado de Traducción del texto* Funciones del dinero

Functions of money

In a highly civilised state, the need for a rapid means of exchange is infinitely greater: money becomes not simply a convenient means of exchange, but is an actual necessity for production.

A common medium is indispensable to perform the numberless acts of exchange by which a man translate his services into the commodities he requires. His income is the commodities he consumes: the counters he receives as wages are the apparently indispensable means of certifying his claims on the stock of things useful and agreable, and of making the claim an effective one.

The introduction of a money measurement ha been an advantage to morality as well as a convenience for trade: the greatest improvement in the position of the English peasant came from the introduction of a money economy which enabled him to compute what was required of him, and which substituted settled payments for arbitrary demands for labour or provisions.

The spontaneous choice of the tacit agreement on some third commodity to facilitate exchange would, even in early times, be forthwith followed by the use of the selected commodity as a comon measure of the worth of things to be exchanged- as a common denominator of values. The tailor with his coat would find it troublesome and tedious to calculate how much bread he should obtain for his article. And a fresh calculation would need to be entered on in reference to any other article he required.

Obviouly, since each transaction would involve a fresh calculation, trade, as we undertand it, would be out of the question. The difficulty disappears if a common object of comparison is adopted: each article in the exchange is estimated at so many sovereigns, so many cattle, skins, rifles, or whatever forms the medium of exchange in the community.

Comparison between the two articles is henceforth easy, just a comparison between lenghts is facilitated by the reckoning of the lengths as so many yards and feet. Exchange is no longer clogged and embarrassed as in a state of barter. But the diversity in value between different cattle, the great size of the units, and the fact that they could not be divided, as well as the speculative element which enteres into them- the cattle might deteriorate in keeping, they might also be productive why kept: all these qualities would make such a unit of measurement as definite as we may make it. And our sovereign is physically defined in all points. Every sovereign issued from the Mint must be of a definite weight and of a definite standard of purity; the Coinage Act says: "The sovereign is defined as consisting of 12327447 grains of English standard gold, composed of eleven parts of fine gold and one part of alloy, chiefly copper".

### Solución apartado de Una carta de agradecimiento

En la traducción de cartas comerciales hay que incidir en el hecho de que existen ciertas diferencias entre las fórmulas empleadas en una lengua o en otra, de ahí que sea útil conocer algunas y evitar la traducción literal, adaptando la expresión a cada lengua y siendo fieles al contenido, pero también a las convenciones epistolares.

Sra. Lori Roberts
Johson Corporation
Directora de Personal
Austin, Texas 78777

2 de julio 1994

Estimada Sra. Roberts:

Aprovecho la oportunidad para darle las gracias por su tiempo y la atención dispensada durante la entrevista que sostuvimos la semana pasada. Le agradezco igualmente la oportunidad que me dió de poder discutir con usted acerca de mi experiencia personal y aspiraciones.

Espero haber dado respuesta a todas sus preguntas de un modo satisfactorio. Si desease mayor información, con mucho gusto se la daría.

Me hallo muy interesado/a en el puesto sobre el que hablamos y confío en que me considere un serio aspirante a dicha posición.

En espera de recibir noticias suyas en breve,

Sinceramente,
Fdo.:Jeanne Nguyen
1730 Green Street
Austin, Texas 78776
(512) 332 552

**Solución apartado de Traducción de cartas comerciales**

OAKLAND SECRETARIAL SERVICES
1986 Aubsbury Avenue
Oakland, California 96544

3 de julio 1994

Estimado señor:

Estamos considerando la posibilidad de adquirir un lote de máqinas de escribir electrónicas que operen con el sistema ALPHA 1000. En la actualidad, las oficinas del Servicio de Secretariado Oakland cuentan con 17 mecanógrafos a tiempo completo y 6 secretarias administrativas. En los próximos dos años esperamos adquirie máquinas de escribir nuevas para todo el personal arriba mencionado.

¿Podría informarnos sobre el precio de venta, incluyendo el transporte del modelo ALPHA 1007? ¿Existe algún tipo de descuento por la compra de más de diez unidades? ¿La compañía ALPHA proporciona servicio de mantenimiento anual? ¿El modelo ALPHA puede ser usado como impresora con cualquier modelo de computadoras?. Le agradecería que nos enviase el catálogo de precios e información acerca de los servicios que ofrecen tan pronto como les sea posible. Esperamos adquirir el nuevo equipo en las próximas seis semanas. Agradeciéndole de antemano su ayuda, se despide muy atentamente,

HOTEL MEDITERRANEO
PANDO VAARTAN, S.A.
Avda. Portugal, 13
001-ZAMORA
Benicasim, June 20, 1994

Dear Sirs,
We would appreciate if you would send us a General Catalogue of your inventory. Since we are getting closer to renovating a large portion of our kitchen utilities, we would like to considering the possibility of acquiring them from you.
We will be very grateful if you could also specify on great detail the terms of delivery, prices, form of payment, etc..
Looking forward to hearing from you soon,

Sincerely,

## *Solución al apartado de Ejercicios sobre una solicitud de trabajo*

A.
COASUR, S.A.
Avda. Pintor Sorolla
26450-MALAGA

June 20, 1994

Dear Sir,

I would like to apply for the position of Secretary that I saw advertised in *El País*, on July 3.

As requested in the advertisement, I enclose my CV and letters of reference.

Looking forward to hearing from you,
Yours sincerely,

B.- Traducción de una solicitud de empleo.
SOLICITUD C
Antes de completar la presente solicitud, lea la información que figura en el reverso. Rellene la solicitud a mano o a máquina. Sea claro y conciso.

La información dada no podrá ser utilizada para otros fines que los previstos por la ley.

---

APELLIDOS          NOMBRE
FECHA              DNI
Fecha de Nacimiento: La Discriminación por Edad en El Acta de Empleo de 1967 prohibe la discriminación laboral por motivos de edad para los individuos que tienen entre 40 y 65 años de edad.
Si usted no es ciudadano de los EE UU. Indique tipo de visado que posee
¿Autorización de trabajo?

---

¿Hay alguna parte del día que no puede trabajar? En caso de respuesta afirmativa, diga cuándo y por qué.

---

Las leyes federales requieren de los organismos gubernamentales dar a los solicitantes que son minusválidos, veteranos de guerra incapacitados y veteranos de guerra del Vietman la posibilidad de identificarse. Dicha información es voluntaria y se utiliza únicamente de acuerdo con la ley. No supondrá un tratamiento adverso. Si usted desea hacerlo constar, señale la que corresponda:
minusválido
veterano de guerra incapacitado

veterano de la guerra del Vietnam
Describa el equipo que necesita para llevar a cabo su trabajo de un modo adecuado y seguro.

---

Educación
Nombre del centro          Lugar
Año de Licenciatura
Título Recibido

Ultimos estudios en Enseñaza Secundaria
Instituto de Formación Profesional
Universidad

---

Empleos anteriores. Haga una lista de todos los empleos comenzando por el actual o último que tuvo. Excluya el Servicio Militar. Incluya los trabajos realizados durante períodos de vacaciones superiores a un mes. Si es un trabajador autónomo, especifique el tipo de negocio. A menos que usted indique lo contrario, la empresa puede establecer contactos con todas las entidades mencionadas por usted.

De          A               N° aprox.
Mes Año     Mes  Año        Horas Sem.

Nombre y Dirección de la empresa

Tipo de trabajo y Paga o    salario
Nombre del Encargado/a
Motivos de su abandono
¿Ha solicitado trabajo o ha trabajado para
nuestra empresa anteriormente?

## Solución al apartado de Ejercicios sobre una declaración jurada

### AFFIDAVIT

APPEARANCE: On the 13th day of October of
the present (current) year, at 11:00 a.m., your
affiant (the undersigned), AGENT LUIS CARLOS
GALVAN LOPEZ, of the Drug Control Agency of
the Dominican Republic (DNCD), having being
duly sworn and advised to tell the truth under
penalty of perjury if he were to lie to a competent
authority while in the line of duty, states as follows:
That on the 12th day of October of the present
year he participated in an operation carried out by
the above mentioned Agency which resulted in the
arrest of members of a narcotics ring who were
followed from Puerto Rico until they landed in
Coutí, Dominican Republic. Germán Eduardo
Cárdenas, Jeremías Oérez Aguirre, Pedro Antonio
Torres Cantú, and Maria Cristina Falcón Llorente,
citizens of Colombia were arrested, as well as three
Dominicans, Julio Acosta Bernal, Domingo Garay

Pérez, and Ana María Escobar Casas. During the same operation, 725 kilos of pure cocaine were confiscated.

Your affiant (the undersigned) further states that the drugs were transported on a TO-404 dual engine light aircraft with Colombian registration number 8923, which was later taken to the San Isidro Air Base. With help from USA DEA agents and from the Puerto Rican Coast Guard who had followed the drug dealers from Puerto Rico on two planes and a helicopter, the light aircraft was forced to land on the airstrip of the rice fumigation field of the Department of Agriculture.

Your affiant (the undersigned) further states that the drug dealers had been detected in Puerto Rico and agents there together with the USA agency got in touch with the authorities of the DNCD in order to arrest the plane's crew on Dominican terrritory. From then on the Colombian aircraft was watched over by both planes and the helicopter until it landed on Dominican soil at dawn yesterday. DEA agents and Puerto Rican Coast Guard fired some shots in order to force the drug traffickers to land. The helicopter guarding the aircraft carrying the cocaine landed together, while the airplanes flew over the area.

Your affiant (the undersigned) further states that as soon as the drug dealers were arrested by the DNCD the two American and the Puerto Rican crafts abandoned the Dominican flying territory (space). The drug and the people arrested, who were also found to have a gun (revolver), a pistol, and two hand grenades, were transferred to Santo Domingo for questioning. The Colombians as well as the Dominicans will be charged with violating Law 60-88 which penalizes narcotics crimes.

Having read this statement, your affiant signs the foregoing at the lower margin to attest its veracity.

### *Solución al apartado de Ejercicios sobre A General Waiver Plea*

TRIBUNAL MUNICIPAL DE MINNESOTA

DISTRITO JUDICIAL DEL CONDADO DE RAMSEY

RENUNCIA Y DECLARACION GENERALES

Causa N°

Yo, (el suscrito, el abajo firmante) ---- entiendo que he sido acusado de --- el (fecha) ----------------

Entiendo que las penas (castigo, multa) son:

A.     Máximo...

B.     Mínimo (si aplica)....

Entiendo que si soy ciudadano de los Estados Unidos, si me declaro culpable podría ser deportado de los Estados Unidos, no ser admitido a los Estados Unidos, o se me negaría la naturalización como ciudadano de los Estados Unidos.

Entiendo que si actualmente estoy en libertad condicional o en libertad bajo palabra por cualquier otro delito criminal dicha libertad bajo palabra o la libertad bajo palabra podrían ser revocadas a consecuencia de mi declaración de culpabilidad en el día de hoy.

Conozco y entiendo las anteriores consecuencias de mi declaración...

al poner de mano propia mis iniciales en los casilleros más abajo, indico que entiendo los derechos y hechos a continuación, y renuncio y abandono cada derecho, a sabiendas, consciente y voluntariamente en la manera que cada uno aplica a esta acusación o acusaciones.

EL ACUSADO DEBE PONER SUS INICALES EN CADA CUADRO:

Entiendo este derecho (inicial)   Renuncio a este derecho (inicial)

1.   Derecho a un juicio público, por jurado y sin demora....

2. Derecho a carearme con todos los testigos de cargo y a contrainterrogarlos...

3. Derecho a guadar silencio y a no incriminarme a mí mismo....

4. Derecho a citar testigos y a presentar pruebas....

5. Derecho a que un juez imponga mi pena: entiendo que si renuncio a este derecho estoy admitiendo que una comisión de tribunales me imponga la pena....

6. Derecho a ser representado por un abogado en todas las etapas del procedimiento y a que el tribunal nombre uno para que me represente sin cobrar honorarios si yo no pudiera pagarlo.

EL ACUSADO DEBE PONER SUS INICIALES EN UNO DE ESTOS DOS CUADROS:

REPRESENTANDOSE A SI MISMO: Entiendo que tengo el derecho a ser representado por un abogado durante los procedimientos.

Entiendo que el Tribunal me nombrará un abogado si yo no puedo pagar a un abogado: pero al final de la causa podrían pedirme que pague todo o parte del costo de dicho abogado, si se determinara que puedo hacerlo. Yo renuncio a mi derecho a tener un abogado.

REPRESENTADO POR UN ABOGADO: He discutido mi caso con mi abogado, discutimos los derechos a los que renuncio al declararme culpable, los elementos del delito (s) imputado, las posibles defensas y las consecuencias de mi declaración.

Todas las promesas, de haberlas, que se me han hecho con respecto a esta declaración están expuestas a continuación:

He leído este documento o me lo han leído, y lo entiendo. He colocado las respuestas en los casilleros personal y voluntariamente.

DECLARACION

EL ACUSADO DEBE PONER SUS INICIALES EN CADA PUNTO

1. Teniendo en cuenta la naturaleza de los cargos en mi contra, según fueron presentados, los derechos a los cuales renunciaré, y todas las consecuencias posibles de mi declaración, deseo declararme CULPABLE(...), NO ME OPONGO (...) a dichos cargos (y a admitir las condenas previas que se me impute, de haberlas).........

2. He tomado mi decisión de declararme culpable en forma libre y voluntaria, sin amenza ni temor por mí o por cualquier persona con la cual estoy intimamente relacionado o asociado.....

3. DECLARACION DE CULPABILIDAD: Me declaro culpable porque de verdad y de hecho

soy culpable, y no por ninguna otra razón------------
-

ó

DECLARACION DE NO ME OPONGO:
Entiendo que a efectos de estos procedimientos,
una declaración de NO ME OPONGO es lo mismo
que una declaración de culpabilidad, teniendo el
mismo efecto legal y llevando las mismas
consecuencias y sanciones, y que por esa
declaración el Tribunal me hallará culpable.
Además admito que hay fundamentos de hecho
para mi declaración.... Entiendo cada uno de los puntos citados. He
puesto mis iniciales en los puntos apropiados como
prueba de lo mismo. Declaro bajo pena o perjurio
que el presente es verdadero y correcto.

Otorgado el día....del mes de......de 19....., en el
Condado de Ramsey, Minnesota.

Firma del acusado.

### Solución al apartado de Ejercicios sobre un Curriculum Vitae

---

Name (First)      (Middle)        (Last)
Social Security N°        Date of Birth
Home Address:

City        Zip Code                    Phone N°
Degree (UNESCO Code)

---

Education
Degree Held          Location     Date

---

Arts (Spanish Philology)Univ. of Valladolid
    1981
Master                    Univ. of Valladolid
    1982
TOELF                    U. of M.              1990
Doctorate Ph. D.    Unv.Complutense  1991
  Philosophy          (Madrid)

---

University: Universidad Complutense (Madrid)
College, School, University: Liberal Arts
Depart/Sec.: Spanish Philoloy
Professional Category: Assistant Professor.
Beginning Date: Sept 1993
Address: C/ Colegios, 2  28801-MADRID
Faculty                              Part-time
TA                              Full-time
Graduate Student

---

PUESTOS DESEMPEÑADOS
1991/: Ayudante de Universidad, Unv. de Alcalá de
H. (Madrid).

1990-1991: Profesor Asociado, Univ. de Alcalá de H. (Madrid).
1986-1990: IB (Instituto de Enseñanza Media): Buero Vallejo.
1984-1986: Instituto de Formación Profesional Mario Grande.
1891-1986: IB Saint Thomas, Valladolid.

ASIGNATURAS IMPARTIDAS
1993-1991: Cursos de Doctorado sobre Traducción técnica y literaria.
1993-1990: Asignaturas:
- Fonética y fonología española
- Historia y cultura de los paises de habla hispana
- El español como segunda lengua, para principiantes y nivel intermedio.
- Literatura del Siglo de Oro.
1990-1981: Lengua y literatura españolas, Historia y Arte en diferentes Institutos de Enseñanza Media.

INTERESES PROFESIONALES
Teoría y práctica de la Traducción; la Traducción como asignatura; Crítica de la traducción; Traducción literaria (inglés-español, español-inglés). Problemas que plantea la traducción

técnica. Traducción subordinada (humor, tebeos, canciones, subtitulado y doblaje de películas, etc.). Traducción y adaptación de la literatura infantil y juvenil.

## BECAS

1993: Beca de Ayuda en el Extranjero concedida por la Univ. de Alcalá
1990: Beca concedida por el Ministerio de Educación y Ciencia para    cursar estudios en la Universidad de Edimburgo (Gran Bretaña).
1981: Beca concedida por la Univ. Internacional Menéndez y Pelayo en Santander (España).
1976-1981: Beca concedida por el Ministerio de Educación y Ciencia.

## PUBLICACIONES RELEVANTES

Almendralejo Pérez, R. " La traducción de los comics", *Actas* de la Conferencia Internacional sobre el Humor, Luxemburgo, ISSH, 1994.
Almendralejo Pérez, R. "Discurso feminista y traducción. Algunos poemas traducidos". *Turia,* Teruel, 1994.
Almendralejo Pérez, R. "Propuesta metodológica de evaluación de obras literarias traducidas", *Babel,* 1993.

Almendralejo Pérez, R. "La lengua materna, una estrategia olvidada en la adquisición de una segunda lengua". *ESP Studies,* Valencia, 1992. Almendralejo Pérez, R. "La traducción infantil y juvenil", *Atlantis,* 1990.

### Solución al apartado de Ejercicios sobre An Official Transcript of University Records.

JUAN CARLOS I, KING OF SPAIN
and in his behalf
the President of the University of Zaragoza
according to the dispositions and circumstances covered under the legislation now in force,
MISS PILAR MONTERO SALAS
born the second day of July, 1960 in Barcelona, of Spanish nacionality, and previously awarded the Licentiate in Philosophy and Letters on the tenth day of December, 1985, by the Universidad Complutense, Madrid, has hereby proven her sufficiency in this University the second of March 1990 with the grade of CUM LAUDE. In consideration thereof the University issues the present degree of DOCTOR OF PHILOSOPHY AND LETTERS (DIVISION OF PHILOLOGY, SECTION OF SPANISH PHILOLOGY), with official nature and validity in all the nation and its territories, wish entitles the above-named to all

the privilegies afforded to this degree by the dispositions now in force.

AWARDED IN DECEMBER 10, 1990

Recipient     President     Chief of Section

### Solución al apartado de vocabulario y expresiones comunes en español

A.- Hacer: 1.- se organizó, 2.- tuvo lugar; 3.- condujo ...a organizar; 4.- por la cantidad de agua caída es imposible,... 5.- A cosecuencia de la contaminación el aire es irrespirable, 6.- se esfuerza, 7.- El transporte por carretera es penoso debido a una falta..., 8.- es imperioso, 9.- batió todos los records.

B.- 1.- Por inercia de las instituciones se toleran..., 2.- Este hecho tan simple provoca ciertas repercusiones, 3.- No se dispone de..., 4.- Algunas secciones del hospital permanecen..., 5.- Se teme que..., 6.- Se espera que..., 7.- Se dispone de estudios...8.- Determinados productos aceleran....

C.- 1.- en, 2.- durante, 3.- por, mediante, 4.- por, 5.- por, por conducto de.

D.- 1.- atendiendo a, teniendo en cuenta, 2.- desde el punto de vista, en cuanto a, 3.- en relación con, 4.- en, 5.- en cuanto a.

E.- 1.- does this fish taste bad to you?.

2.- It tastes of garlic.

3.- They know how to speak Chinese.
4.- Do you know of anybody who sells a motorbike?.
5.- I know all about it.
6.- I'm pleased to learn of your prosperity.
7.- I never knew that you could sing opera.
F.- 1.- Toca el piano.
2.- Juega un papel muy importante.
3.- Represento el papel de Hamlet.
4.- Me tocó la cara.
5.- Es un jugador.
6.- Llamé a la puerta.
7.- Te toca.

## Solución al apartado de Vocabulario y expresiones comunes en inglés

A.- 1.- la autoridad corrrespondiente, 2.- el comité competente, 3.- la política procedente, 4.- habilidades deseables, 5.- aptitudes convenientes, 6.- negocio provechoso, 7.- precio remunerativo, 8.- informacieon fidedigna, 9.- testigo digno de fe, 10.- precio razonable, 11.- disculpa razonable, 12.- extraordinariamente tranquilo/a, 13.- Llegaba siempre tarde.

C.- 1.- Se tomó dos pastilla para la tos.
2.- Tomarán el autobús.
3.- No se tarda mucho.
4.- El avión despegó a las 15.00 horas.

5.- Se llevó otro abrigo.
6.- Se quitó los zapatos.
7.- Me hace falta pasar algún tiempo en España.
8.- No apareció por la fiesta.
9.- Compareció ante el juez.
10.- El niño parecía triste.
11.- Parecía una ballena.
12.- Se parece a su padre.
13.- John y Peter se parecen mucho.
14.- No me acuerdo de su nombre.
15.- Me recuerda a ella.
16.- Acordaron unirse.
17.- Estamos de acuerdo.
18.- El ajo no me sienta bien.
19.- Llegué a un acuerdo con ellos.
20.- No están de acuerdo.

### *Solución al apartado sobre Cuestiones de estilo*

Traducción del fragmento de *Catch 22* según Flora Casas:

El comandante miró a Yossarian en silencio, con una sonrisa extraña, triste. Había dejado de sudar y parecía tranquilo.

-¿Qué haría si intentara deternerle? - preguntó, consternado y burlón a un tiempo-. ¿Darme una paliza?

Yossarian reaccionó ante su pregunta con sorpresa, dolido.

-No, claro que no. ¿Por qué dice eso?

- Yo le daría una paliza- se vanaglorió el capellán, bailoteando muy cerca del comandante Danby y boxeando con el aire-. A usted y al capitán Black, y quizá también al cabo Whitcomb. ¿No sería estupendo que dejara de tenerle miedo al cabo Whitcom?

-¿Va a detenerme?- le preguntó Yossarian al comandante Danby, y se le quedó mirando fijamente.

El comandante Danby se apartó del capellán y vaciló unos momentos antes de responder:

-¡Claro que no!- le espetó, y de repente se puso a agitar los brazos, señalando hacia la puerta, con actitud apremiente-. Claro que no voy a detenerle. ¡Váyase, por lo que más quiera, y de prisa! ¿Necesita dinero?

- Tengo un poco.

- Bueno, aquí tiene un poco más.- Con fervor y entusiasmo, el comandante Danby le plantó a Yossarian un grueso fajo de billetes italianos en la mano y se la apretó entre las suyas, tanto para calmar el temblor de sus dedos como para dar ánimos a Yossarian-. Debe ser muy agradable estar ahora en Suecia- comentó soñadoramente-. Las chicas son encantadoras, y la gente muy avanzada.

-¡Adiós, Yossarian!- gritó el capellán-. Y buena suerte. Me quedará aquí y perseveraré, y volveremos a vernos cuando acabe la guerra.

- Hasta pronto, capellán. Gracias, Danby.

-¿Cómo se siente, Yossarian?

- Bien. No, estoy muy asustado.

- Me alegro- replicó el comandante Danby-. Demuestra que sigue vivo. No va a ser divertido.

Yossarian se encaminó hacia la puerta.

- Claro que lo será.

- Lo digo en serio, Yossarian. tendrá que mantenerse en guardia constantemente. Removerán cielo con tierra para encontrarlo.

- Me mantendrá en guardia constantemente.

- Tarde o temprano tendrá que bajar los brazos.

- Los bajaré.

- ¡Pues ahora súbalos!- gritó el comandante Danby.

Yossarian subió la guardia. La puta de Nately estaba agazapada detrás de la puerta. El cuchillo pasó a escasos milímetros de Yossarian, que a continuación se marchó.

# BIBLIOGRAFIA BASICA.

## Obras de consulta general

Alvarez Calleja, M. A. 1991. *Estudios de traducción (inglés-español)*. Madrid: Universidad Nacional de Educación a Distancia.

ATA (American Translators Series). 1993. *Scientific and Technical Translation*. Vol. VI.

Baker, Mona. 1992. *In Other Words. A Coursebook on Translation*. London & New York: Routledge.

Bassnett-McGuire, S. 1980. *Translation Studies*. London & New York: Methuen.

Bassnett- McGuire, S. & Lefevere. 1991. *Translation, History and Culture*. London: Frances Pinter.

Brinton, E, Cruz, E. et al. 1990. *Translation Strategies/Estrategias de Traducción*. London: MacMillan Publishers, 1ª edc. 1981.

Duff, A. 1990. *Translation.* Oxford: Oxford University Press.

García Yebra., V. 1982. *Teoría y práctica de la traducción.* Madrid: Gredos.

Hatim, B & Mason, I. 1990. *Discourse and the Translator.* Londres: Longman.

Lefevere, A. 1992. *Translating Literature.* New York: The Modern Language Association of America.

Lorenzo, E. 1980. *El español y otras lenguas.* Madrid: Sociedad General Española de Librería.

Newmark, P. 1988. *A Textbook of Translation.* London: Prentice Hall.

Newmark, P. 1992. *About Translation.* London: Multilingual Matters.

Orellana, M. 1986. *La traducción del inglés al castellano.* Santiago de Chile: Editorial Universitaria.

Picken, C. 1989. *The Translator's Handbook.* London: Asbid.

Pinchuck, I. 1977. *Scientific and Technical Translation.* London: Anche Deutsch Limited.

Seco, A. 1993. *Gramática esencial del español.* Madrid: Espasa-Calpe.

Studerus, L. 1990. *Temas gramaticales.* Lanham, MD: University Press of America.

Titford, C. y Hieke, A. E. 1985. *Translation in Foreign Language Teaching and Testing.* Tübingen: Gunter Narr.

Vázquez Ayora, G. 1977. *Introducción a la Traductología.* Washington D. C.: Georgetown University.

Wandruszka, M. 1976. *Nuestros idiomas: comparables e incomparables.* Trad. Elena Bombín. Madrid: Gredos.

*Diccionarios:*

**Diccionarios monolingües:**
**Inglés:**
*Oxford English Dictionary.*
*Webster's Third International.*
*Roget's Thesaurus.*
*A Dictionary of American Idioms* de M. T. Broatner y J. E. Gates. Woodsbury, New York: Barron's Educational Series, 1975.
*Longman Dictionary of Phrasal Verbs* London: Longman, 1973.
**Español:**
*Diccionario de la Real Academia Española*
*Diccionario de uso de españo* de María Moliner. Madrid: Gredos, 1975.

*Diccionario ideológico de la lengua española* de Julio Casares. Barcelona: Gustavo Gil, 1985.
*Diccionario normativo y guía práctica de la lengua española* de Francisco Marsá. Barcelona: Ariel, 1986 .
*Diccionario razonado de sinónimos y contrarios* de José Mª Zainqui. Barcelona: Editorial De Vecchi, S. A., 1985.
*Diccionario de sinónimos y antónimos.* Madrid: Espasa-Calpe y Harrap's, 1994.
*Diccionario de verbos ingleses.* Madrid: Espasa-Calpe y Harrap's. 1994
*Diccionario de Anglicismos* de R. F. Alfaro. Madrid: Gredos, 1970.
*Diccionario de Español Chicano* de Roberto A. Galván y Richard V. Teschner, Lincolnwood, Illinois: National Textbook Company, 1991.
*Diccionario de cubanismos más usuales* de José Sánchez-Boudy, Miami: Ediciones Universal, 1990.
*Vocabulario portorriqueño* de Rubén del Rosario, Connecticut: Troutman Press, 1965.

**Diccionario bilingüe:**

*Simon and Schuster International Dictionary, English-Spanish, Spanish-English.*
*Collins Spanish Dictionary.*
*The University of Chicago Spanish Dictionary.*

## Diccionarios técnico-científicos:

*Chambers Technical Dictionary.*
*Elementary Scientific and Technical Dictionary*
*New Polytechnic Dictionary*
*Dictionary of Environmental Engineering and Related Sciences* de José T. Villate .Miami: Ediciones Universales.
*Informatica. Glosario de términos y siglas.*
*Diccionario Inglés-Español, Español-Inglés* de Antonio Vaquero Sánchez y Luis Joyanes Aguilar. Madrid: McGraw-Hill, 1985.
*Diccionario naval* de Luis Leal y Leal. Madrid: Editorial Naval, Ministerio de Marina, 1980.
*Diccionario médico* de José M. Mascaró y Porcar, 2ª ed., Barcelona: Salvat, 1974.
*Diccionario para ingenieros* de Louis A. Robb. México: Editorial Continental, 1983.

## Diccionarios comerciales:

*Collins-Business English Dictionary* .
*Diccionario inglés-español de finanzas y contabilidad* de Antonio Bermúdez Paredes. Madrid: Ornigraf, 1977.
*Diccionario de términos contables inglés-español* de Joaquín Blanes Prieto, 14th ed., México: Compañia Editorial Continental, 1984.

*Diccionario de términos comerciales* de P. Prat Gaballi. Barcelona: Editorial Hispano Europea, 1963.

### Diccionarios de términos legales:

*Osborn's Concise Law Dictionary* , 1990.

*Black's Law Dictionar*  de Henry Campbell Black, 6th edt. St. Paul, Minnesota: West Publishing Co., 1990.

*Legal Terminology Handbook* de David. K. Garrett, Eau Claire, Wisconsin: Professional Educational Systems, 1986.

*Diccionario de derech*  de Rafael de Pina y Rafael de Pina Vara, 15 th. ed., México: Editorial Porrúa, 1988.

*Diccionario de términos jurídico* de Ignacio Rivera García. Oxford, New Hampshire: Equity Publishing, Co., 1985.

*Bilingual Dictionary of Criminal Justice Terms (English/Spanish)*  de Virginia Benmaman, Norma Connolly y Scott Loos, New York: Gould, 1991.

*The Interpreter's Companion* de Holly Mikkelson, Spreckles, Ca: Acebo, 1991.

*Diccionario de derecho, economía y política* de Lacasa Navarro y Díaz Bustamente, 2ª ed., Madrid: EDERSA, 1986.

*Spanish-English Legal Terminology* de George N. Vanson y Marilyn Frankenthaler, Cincinnati: South-Western Publishing Co., 1982.

# Index